持続都市建築システム学シリーズ

臨床建築学

―環境負荷低減のための建物診断・維持管理技術―

赤司泰義
佐川康貴
崎野健治
住吉大輔
林　徹夫
松下博通

著

技報堂出版

まえがき

　本書は，2002年度から開始された文部科学省の事業（研究拠点形成費等補助金）において採択された九州大学21世紀COEプログラム「循環型住空間システムの構築」のリデュースチームの研究活動をとりまとめたものです。本プログラムでは，住空間システムのライフサイクル全体をとらえ，豊かな住環境を確保しつつ，生産の時点から資源や水，エネルギーの投入量を減らし，維持や廃棄に必要な環境負荷を極力減らすように全工程を最適化することを理念に，生活の豊かさと環境負荷の差で表される評価指標「スループット」の体系化と，生活の豊かさを最大化し環境負荷を最小化する要素技術と感性情報の数量化を通して，国際的な教育研究拠点形成事業を推進してきました。そのなかで，リデュースチームは膨大な量の建築ストックを維持・保全・改修によって機能的・有機的に存続させ，環境負荷の低減を図るための建築の診断技術について研究を進めてきました。

　現在，エネルギー資源の枯渇と生態系受容の限界を制約条件にした持続可能な社会への転換が強く求められています。持続可能な社会では，人間の生活基盤である都市と建築を持続可能なものにする必要があります。これまで我々は，建築の設計と施工に重点をおき，その運用に配慮しないまま，当然のように建設と廃棄を繰り返してきました。しかし，建設と廃棄は地球環境に大きな負荷を与えます。よって，環境負荷を最小化するための前提として，建築を長寿命化させ，建設と廃棄の回数を減らすことが必要になります。建築が長寿命化すれば，その運用の重要性が増すことは明らかです。建築の環境負荷を最小化させるには，建築の運用段階を可能な限り適切な状態に維持することが不可欠になります。

　人間は生まれた瞬間から老いに向かって生きるといいます。長生きがその人の幸せにつながるのかはわかりません。しかし，ほとんどの人間は母親の胎内にいるときから診断を受けます。そして，生まれた直後や幼年期は短い周期，青少年期から壮年期にかけては少し長めの周期，老年期になればまた短い周期といったように健康リスクに応じて定期的に診断を受けます。これは建築における予防保全の概念とほとんど同じです。建築もまた，新築直後が最も性能が高く，その

まえがき

後，自然に劣化します。その過程で建築の持続可能性を担保するには，医療診断と同じように建築の診断が欠かせないことになります。

　本書は，「建築設備の省エネルギー診断(第1章)」，「建築材料の耐久性診断(第2章)」，「建築構造の耐震診断(第3章)」から成り立っています。我々は，建築の診断を扱う学問を「臨床建築学」と名づけました。これまでほとんど配慮されなかった建築の診断について，そのあり方や課題，新たな技術などがわかりやすく説明されています。本書が，21世紀に欠かせない持続型の都市と建築を志す大学院生や研究者，専門家，実務家の方々にとってなにかしらのお役に立つことができれば，それは執筆者にとって望外の喜びとなります。また，執筆にあたっては，松藤泰典先生(本プログラム前拠点リーダー)，川瀬　博(本プログラム拠点リーダー)，編集を担当された技報堂出版の石井洋平氏ほか，多くの方々のご協力をいただきました。ここに感謝の意を表します。

2008年2月

林　　徹夫

執筆者一覧

赤司　泰義	九州大学大学院 人間環境学研究院 都市・建築学部門	(第1章)
佐川　康貴	九州大学大学院 工学研究院 建設デザイン部門	(第2章)
崎野　健治	九州大学大学院 人間環境学研究院 都市・建築学部門	(第3章)
住吉　大輔	九州大学大学院 人間環境学研究院 都市・建築学部門	(第1章)
林　　徹夫	九州大学大学院 総合理工学研究院 エネルギー環境共生工学部門	(まえがき)
松下　博通	九州大学大学院 工学研究院 建設デザイン部門	(第2章)

(2008年3月現在，五十音順)

目 次

第1章 建築設備の省エネルギー診断 ―― 1

1.1 建築分野のエネルギー消費を取り巻く状況 ……… 1
- 1.1.1 日本の建築分野起源の二酸化炭素排出量　*1*
- 1.1.2 地球温暖化とオゾン層破壊　*3*
- 1.1.3 京都議定書　*6*
- 1.1.4 アジアのエネルギー問題　*7*
- 1.1.5 環境保全と経済成長　*9*
- 1.1.6 持続可能に向けたパラダイムシフト　*11*

1.2 建築設備の設計と運用における課題 ……… 13
- 1.2.1 省エネルギーへのインセンティブ　*13*
- 1.2.2 空調設備の設計　*15*
- 1.2.3 空調設備の運用　*17*
- 1.2.4 空調設備機器の性能表示　*20*

1.3 建築設備のコミッショニング ……… 21
- 1.3.1 コミッショニングの概要　*22*
- 1.3.2 コミッショニングの意義　*25*
- 1.3.3 コミッショニングの費用と効果　*27*

1.4 省エネルギー診断の技術と応用 ……… 30
- 1.4.1 維持保全と設定値適正化の効果　*31*
- 1.4.2 不具合検知・診断　*36*
- 1.4.3 空調システム運用の最適化　*41*

目 次

第2章 建築材料の耐久性診断 ——— 47

- 2.1 はじめに ……………………………………………………… 47
- 2.2 耐久性診断の基本 …………………………………………… 49
  - 2.2.1 維持管理および診断の基本的考え方　49
  - 2.2.2 耐用期間に関する考え方　53
  - 2.2.3 診断の目的　56
  - 2.2.4 点　検　57
  - 2.2.5 劣化予測　58
  - 2.2.6 劣化予測に基づく評価　59
  - 2.2.7 予防保全のためのモニタリング　59
- 2.3 耐久性診断の現状と問題点 ………………………………… 60
  - 2.3.1 中性化　61
  - 2.3.2 塩　害　62
  - 2.3.3 アルカリシリカ反応　73
  - 2.3.4 硫酸塩劣化　77
- 2.4 耐久性診断から見たこれからの新設構造物のあり方 …… 85

第3章 建築構造の耐震診断 ——— 89

- 3.1 建築物の耐震設計 …………………………………………… 89
- 3.2 日本における建築構造の耐震設計法のあゆみ …………… 93
  - 3.2.1 建築基準法の性質　93
  - 3.2.2 旧建築基準法（1981年以前）　94
  - 3.2.3 新耐震設計法　97

3.3 耐震診断の意義 ·········· 99
3.3.1 耐震診断の必要性　*99*
3.3.2 耐震診断の基本的な考え方　*101*

3.4 耐震診断法 ·········· *105*
3.4.1 耐震診断基準とその基本方針　*105*
3.4.2 耐震診断基準の概要　*107*
3.4.3 耐震診断の実施例　*121*
3.4.4 諸外国における耐震診断の例　*126*

3.5 耐震診断の実施状況と実施結果の分析 ·········· *127*
3.5.1 耐震診断基準と耐震改修促進法　*127*
3.5.2 福岡県における耐震診断の実施状況　*129*
3.5.3 地域係数の異なる地域に建つ学校建築物の耐震診断結果の比較　*133*

3.6 耐震診断の問題点 ·········· *137*

第1章 建築設備の省エネルギー診断

1.1 建築分野のエネルギー消費を取り巻く状況

　18世紀後半から始まった産業革命によって，人類によるエネルギー消費は爆発的に増加した。今や我々の生活がエネルギー大量消費の上に成立していることは明らかである。そして我々の生活のほとんどが都市と建築において営まれる。本節では，建築分野のエネルギー消費を取り巻くさまざまな状況について概説し，次節へとつなげることにしたい。

1.1.1 日本の建築分野起源の二酸化炭素排出量

　図-1.1.1は日本の部門別最終エネルギー消費量の推移を示したものである。産業部門のエネルギー消費量は戦後の高度成長期に増加したが，二度の石油ショックによって省エネルギー化が進んだこと，そして第2次産業から第3次産業へと我が国の産業構造が変化したことによって，その後は比較的安定した値となっている。一方，民生部門と運輸部門のエネルギー消費量は，ライフスタイルの変化やバブル経済によって急増し，バブル崩壊後もその増加に歯止めが利いていない。そして，二酸化炭素排出量もエネルギー消費量に比例して増加している。

　民生部門のエネルギー消費量は，その多くが建物の空調，照明，給湯のために消費される電力や都市ガス，油のエネルギーである。建築分野起源の年間の二酸化炭素排出量は社会全体の約36％に上り（**図-1.1.2**），その内の約24％が建設後の運用にかかるエネルギー消費である。この大部分は空調設備，電気設備，給排水設備といった建築設備の運用に起因する。建築のライフサイクルの視点に立てば，光熱水費や維持保全費は全体の約80％にも上るという試算があり，建築の長寿命化が進めば運用段階のインパクトはさらに大きくなる（**図-1.1.3**）[1]。

第❶章 建築設備の省エネルギー診断

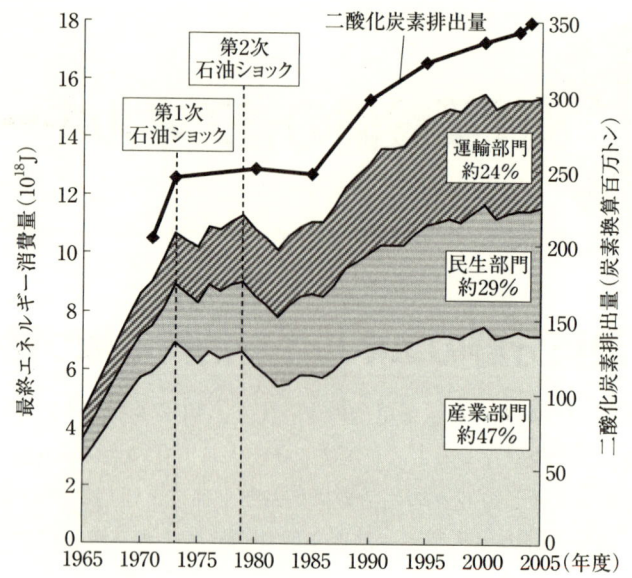

[出典] 日本エネルギー経済研究所「エネルギー・経済統計要覧2007」より作成

図-1.1.1　日本の部門別最終エネルギー消費量の推移

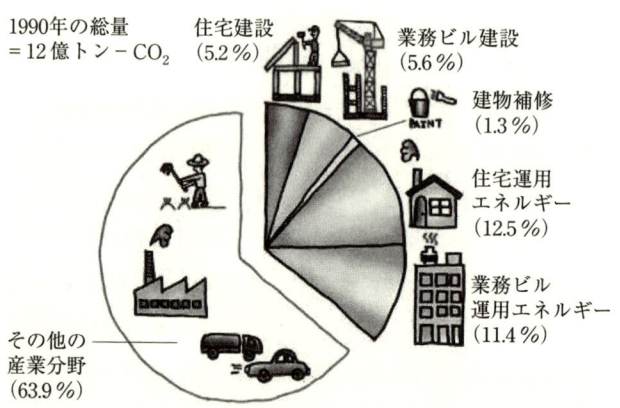

[出典] 空気調和・衛生工学会：地球環境負荷削減パンフレット「環境と空気・水・熱」

図-1.1.2　建築分野起源の年間二酸化炭素排出量（1990年）

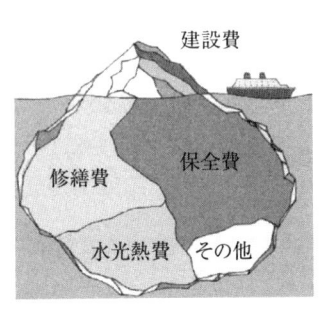
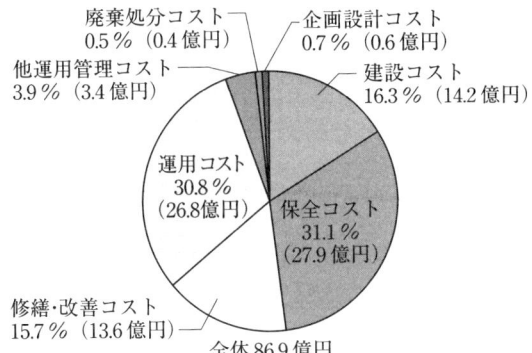

[出典] 空気調和・衛生工学会「図解 空調・給排水の大百科」

図-1.1.3　建築のライフサイクルコスト

1.1.2 地球温暖化とオゾン層破壊

　建築設備の分野に大きく関係する地球環境問題は，地球温暖化とオゾン層破壊である。地球温暖化の原因は，可視光線で透明になり，遠赤外線で不透明になる温室効果ガスの存在である。温室効果ガスの濃度が高くなれば，今まで地球外に放散していた熱が温室効果ガスに多く吸収され，地球に再放出される。

　表-1.1.1は各種の温室効果ガスの地球温暖化へ与える影響の強さ（地球温暖化係数）を示している。二酸化炭素を1とした相対的な数値で表され，メタンや一酸化二窒素，フロン類は二酸化炭素より大きな値である。しかし，二酸化炭素の排出量は他のガスよりもはるかに大きく，地球温暖化への寄与度は二酸化炭素が最も大きい（**図-1.1.4**）[2]。この二酸化炭素は主に化石燃料の燃焼によって発生するので，建築で使われる電力や都市ガスの省エネルギーは非常に重要な課題となる。

　オゾン層破壊については，1987年のモントリオール議定書でオゾン層を破壊する物質（フロン類）の規制が定められた。**表-1.1.2**はその後の改定による規制強化の推移を示したものであり，特定フロンCFC（クロロフルカーボン）はもとより，先進国の代替フロンHCFC（ハイドロクロロフルカーボン）は2020年の全廃が決まっている。発展途上国のHCFCは，経済成長に配慮してこれまで2040年の全廃という緩やかな規制しかなかったが，原則として10年前倒しする規制強

表-1.1.1 温室効果ガスの地球温暖化係数

温室効果ガス		地球温暖化係数	性　質	用途・排出源
CO_2　二酸化炭素		1	代表的な温室効果ガス	化石燃料の燃焼など
CH_4　メタン		23	天然ガスの主成分で，常温で気体。よく燃える	稲作，家畜の腸内発酵，廃棄物の埋め立てなど
N_2O　一酸化窒素		296	数ある窒素酸化物の中で最も安定した物質。他の窒素酸化物（例えば二酸化窒素）などのような害はない	燃料の燃焼，工業プロセスなど
オゾン層を破壊するフロン類	CFC，HCFC類	数千～数万	塩素などを含むオゾン層破壊物質で，同時に強力な温室効果ガス。モントリオール議定書で生産や消費を規制	スプレー，エアコンや冷蔵庫などの冷媒，半導体洗浄，建物の断熱材など
オゾン層を破壊しないフロン	HFC ハイドロフルオロカーボン類	数百～数万	塩素がなく，オゾン層を破壊しないフロン。強力な温室効果ガス	スプレー，エアコンや冷蔵庫などの冷媒，化学物質の製造プロセス，建物の断熱材など
	PFC パーブルオロカーボン類	数百～数万	炭素とフッ素だけからなるフロン。強力な温室効果ガス	半導体の製造プロセスなど
	SF_6 六フッ化硫黄	22 200	硫黄とフッ素だけからなるフロンの仲間。強力な温室効果ガス	電気の絶縁体など

注）気候変動に関する政府間パネル（IPCC）第3次評価報告書の値（100年間）
［出典］　全国地球温暖化防止活動センターウェブサイト　http://www.jccca.org/

化（2030年全廃）が2007年に合意された。代替フロンHFC（ハイドロフルオロカーボン）はオゾン破壊係数0でオゾン層を破壊しないが，地球温暖化係数が高いので地球温暖化の観点から問題が残る。これらのフロン類は冷凍サイクルの冷媒として利用されており，ルームエアコンや冷凍機に充填されている。フロン類は建築の空調に欠かせない物質だが，今のままでは十数年後には利用可能な冷媒が存在しないということになる。

　地球温暖化にもオゾン層破壊にも影響しない代替フロンの開発競争は激化している。その開発状況は企業のトップシークレットとされてなかなか聞こえてこない。例えば，炭化水素は可燃性だが家庭用冷蔵庫では充填量が少ないので問題ないとされルームエアコンへの導入も考えられている。二酸化炭素は不燃性で理想

1.1 建築分野のエネルギー消費を取り巻く状況

表-1.1.2 モントリオール議定書における規制物質の規制強化の推移（先進国）

規制物質 （基準年）	規制開始 年月	制定時 （1987年）	ロンドン 会合 （1990年）	コペンハーゲン 会合 （1992年）	ウィーン 会合 （1995年）	モントリオール 会合 （1997年）
CFC-11等 （1986年）	1989年7月	1998年～ 50％以下	2000年～ 全廃	1996年～ 全廃		
ハロン （1986年）	1992年1月	1992年～ 100％以下	2000年～ 全廃	1994年～ 全廃		
その他CFC （1989年）	1993年1月		2000年～ 全廃	1996年～ 全廃		
四塩化炭素 （1989年）	1995年1月		2000年～ 全廃	1996年～ 全廃		
トリクロロエタン （1989年）	1993年1月		2000年～ 全廃	1996年～ 全廃		
HCFC （1989年）	1996年1月			2003年～ 全廃	2020年～ 全廃	
HBFC （―）	1996年1月			1996年～ 全廃		
臭化メチル （1991年）	1995年1月			1995年～ 100％以下	2010年～ 全廃	2005年～ 全廃

［出典］　日本フルオロカーボン協会ウェブサイト　http：//www.jfma.org/

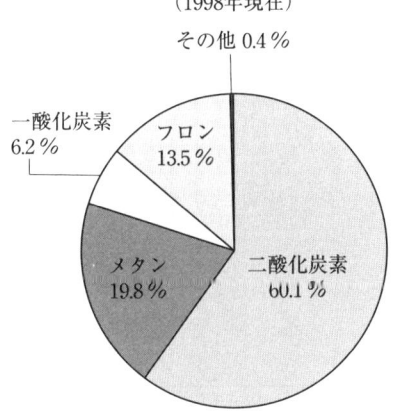
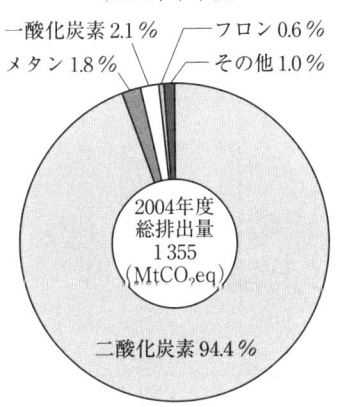

［出典］　環境省「環境白書平成18年度版」

図-1.1.4　温室効果ガスの地球温暖化への寄与度

的だが，外気温度が高い環境では冷媒作用を示さないのでヒートポンプ給湯機でしか利用されない。いずれにしても決定的な代替フロンの見通しは得られていないのが現状である。

1.1.3 京都議定書

気候変動枠組条約第3回締約国会議COP3(1997年，京都)において，先進国の温室効果ガス削減目標を定めた京都議定書が2005年2月に発効した。日本の削減目標は2008～2012年にかけて1990年比で6％減少させるというもので，それにはエネルギー起源の二酸化炭素排出量を2010年において1990年と同じ水準に抑制することが必要とされている。

京都議定書の目標達成には，例えば家庭一世帯当たり約44％のエネルギー削減が必要であり，これは1970年代のエネルギー消費水準に相当するといわれている[3]。京都議定書目標達成計画(2005年)によれば，現状対策(2002年)では温室効果ガスは2010年で6％増であり，新たに約12％の削減対策が必要とされている(図-1.1.5)[4]。いずれにしても京都議定書の目標達成はきわめて難しい状況である。

その一方で，2005年7月主要国首脳会議(グレンイーグルス)では，2013年以後の地球温暖化対策を協議する会議に，離脱した米国や新興工業国(中国やイン

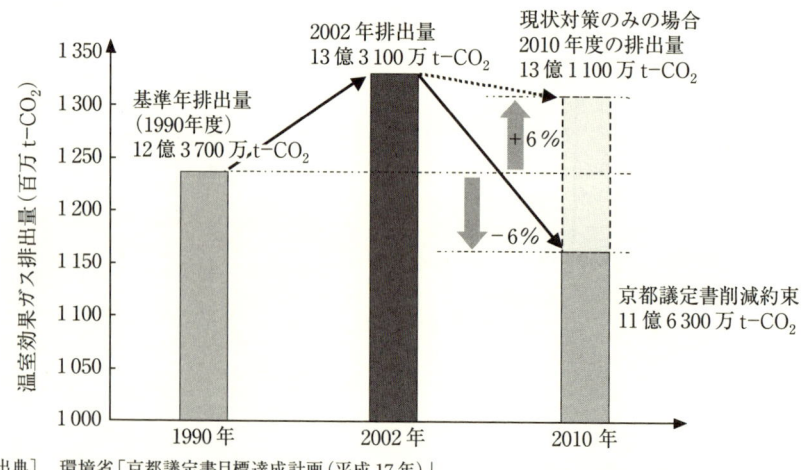

[出典] 環境省「京都議定書目標達成計画(平成17年)」

図-1.1.5　京都議定書6％削減目標と日本の温室効果ガス排出量

ド)が参加することの同意が取り付けられた。2007年1月東アジア首脳会議(セブ)では，東アジアのエネルギー安全保障に関する宣言において，省エネルギーによって化石燃料の依存度を減らし，新エネルギーの開発を進める必要性が合意されている。また，同年6月主要国首脳会議(ハイリゲンダム)では，2050年までに世界の温室効果ガス排出を少なくとも半減するという考えを真剣に検討することの合意が得られ，さらに，同年9月のAPEC首脳会議(シドニー)では，気候変動，エネルギー安全保障およびクリーン開発に関する宣言において，2030年までに域内のエネルギー効率を少なくとも2005年比で25％向上させることがうたわれている。ポスト京都議定書に向けた各国首脳レベルの協議が活発化しており，建築分野の取り組みは一層強化されることになるだろう。

　2050年の温室効果ガス排出半減には，先進国，発展途上国ともに大きな排出抑制が要請されるが，最終的な気候の安定化には二酸化炭素排出量を現在の1割程度までに削減しなければならず(すなわち9割を削減)，超長期的な取り組みが必要とされている[3]。

1.1.4 アジアのエネルギー問題

　産業革命以降，地球の人口は急激に増加した。産業革命以前は約6億人だった人口は，2000年現在で約60億人となり，約300年で10倍に増えた。今後，先進国の人口は横ばいあるいは減少傾向となるが，アジアを中心とする発展途上国の

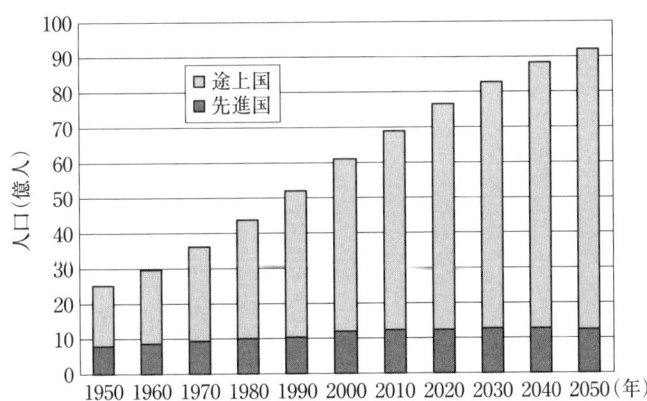

［出典］　World Population Prospects：The 2006 Revision Population Database より作成

図-1.1.6　世界の人口予測(中位推計)

人口の伸びが大きく，2050年には約90億人に達する(**図-1.1.6**)。

図-1.1.7は世界の人口と1次エネルギー消費を示したものだが，一人当たりのエネルギー消費量は，中国を1とすれば，インドは0.5，日本と韓国は4，アメリカとカナダが8となる。中国やインドといった発展途上国が経済成長とともに日本と同等のエネルギーを消費することになれば，地球の資源はまたたく間になくなることは明白である。

図-1.1.8は2004年の世界の二酸化炭素排出量を示しているが，オランダ環境影響評価機関(Netherlands Environmental Assessment Agency)による最新の推計によれば，2006年の中国の二酸化炭素排出量が初めて米国を抜き，中国が世界第1位の排出国になったと報告している。世界第3位はEU，続いてロシア，インド，日本であり，インドの二酸化炭素排出量はすでに日本を上回った。

地球環境戦略研究機関によるアジアの持続可能な開発に関する政策研究によれば，経済成長と人口増加が著しいアジアでは，環境と自然を犠牲にして，莫大な資源とエネルギーが加速的に消費されており，これまでにないほどの規模と速度，変容の激しさで都市化が進んでいると警鐘を鳴らしている[5]。この研究で

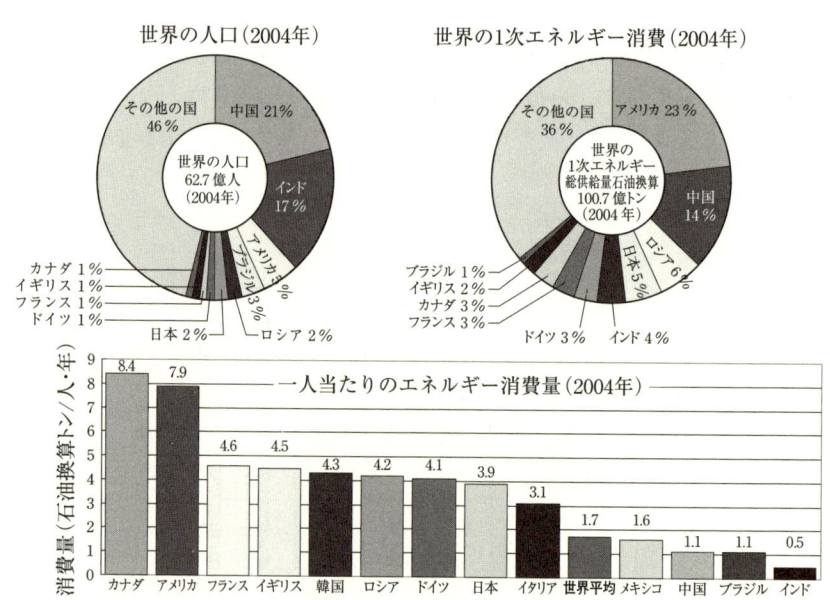

[出典] 日本エネルギー経済研究所「エネルギー・経済統計要覧2007」より作成

図-1.1.7 世界の人口と1次エネルギー消費量

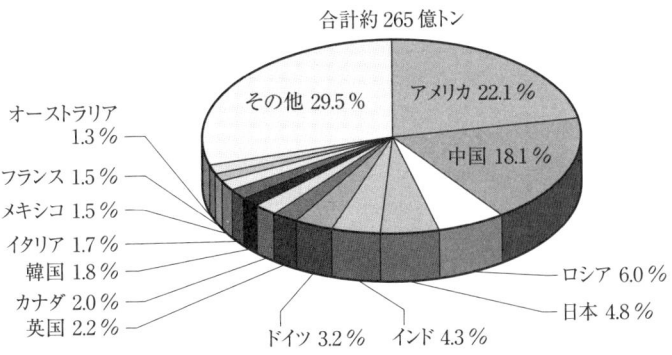

[出典] 日本エネルギー経済研究所「エネルギー・経済統計要覧2007」より作成
図-1.1.8 世界の二酸化炭素排出量

は，近い将来に人口1 000万人以上の巨大都市は全世界で27都市，そのうち15都市がアジアに出現すると予測しており，成熟社会が中心の欧米と違ってアジアには多くの発展途上国が存在し，その急激な都市化に伴って発生する諸問題の解決に成功したことはこれまでほとんどないと指摘している。

アジアの各国が経済成長し，欧米流のライフスタイルを追求したとき，地球温暖化によって増した地域の蒸暑性がルームエアコンに代表される家電製品のエネルギー消費を増大させ，その化石燃料の消費による二酸化炭素排出によって地球温暖化がさらに進むという負のスパイラルに陥るといった深刻な事態が予見されている。アジアがおかれている現在の社会情勢，予見される将来，生活習慣や文化の違いを考慮すれば，都市と建築の持続化に向けた処方箋をアジア独自に確立する必要があるだろう。

1.1.5 環境保全と経済成長

発展途上国の中国では，環境を保全しようとすると経済成長が阻害され，経済成長を促すと環境が破壊されるという，環境保全と経済成長のトレードオフが大きな課題となっている。例えば，日本の自動車排ガス規制は，環境政策が技術革新を促し，製品や企業の競争力が高まるという環境経済学におけるポーター仮説の成功例であるが，経済成長初期においては環境負荷が小さく，経済成長の途中段階においては環境負荷が増大し，一定の成長に至った後には環境対策の進展により環境負荷が低減するという環境クズネッツ曲線上での成功例ととらえられ

第❶章 建築設備の省エネルギー診断

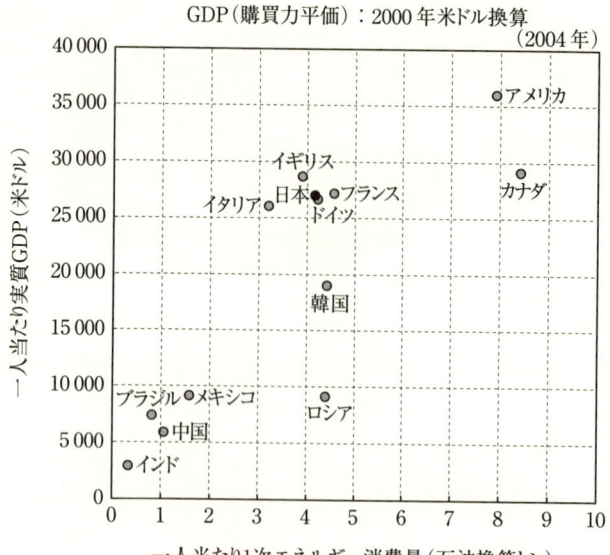

[出典] 日本エネルギー経済研究所「エネルギー・経済統計要覧2007」より作成

図-1.1.9 世界の実質GDPと1次エネルギー消費量

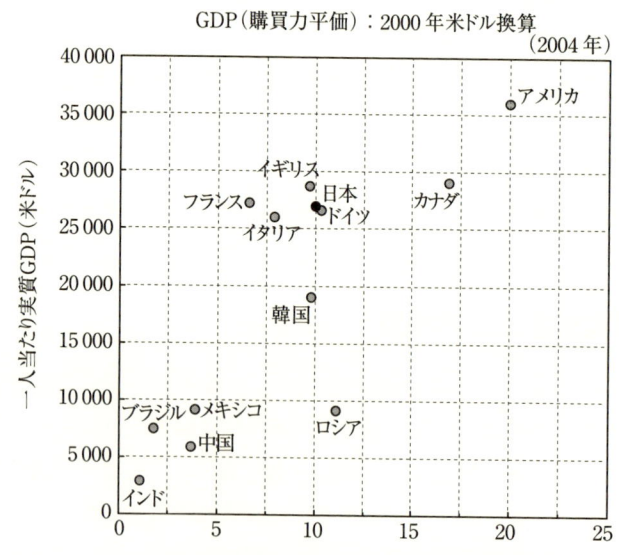

[出典] 日本エネルギー経済研究所「エネルギー・経済統計要覧2007」より作成

図-1.1.10 世界の実質GDPと二酸化炭素排出量

る。地球の残存資源や生態系の受容能力に限界が見えてきている現在，中国は日本や韓国と同じプロセスを辿れないというジレンマがある。

図-1.1.9は世界各国における一人当たりの実質GDPと1次エネルギー消費量の関係，**図-1.1.10**は同じく一人当たりの実質GDPと二酸化炭素排出量の関係を示している。環境を保全しつつ経済成長を確保するには，できるだけ図中の左上方へと移行しなければならず，中国は現在の日本や韓国の位置を経由しない新たな近道を模索しなければならない。アジアの中の日本は，アジアの持続型経済社会の実現に向けてアジア各国と協調し，技術やノウハウをその国や地域の実情に応じて再構築し適用可能なものにした適地技術の開発や移転を進めることが求められる。

1.1.6 持続可能に向けたパラダイムシフト

日本の環境技術や省エネルギー技術は世界のトップレベルにあることは間違いない。**図-1.1.11**は世界各国の実質GDP当たりの1次エネルギー消費量の推移を示したものである。いずれの国もエネルギー利用の効率化が進んでいるが，日本は昔から世界で最も高い利用効率を維持してきた。しかし，エネルギー利用効率の改善幅は他国のように大きくなく，頭打ちのようにも見える。これから先，さらなる効率化が果たして可能なのであろうか。

日本における建築のエネルギー消費量については，これまで室内環境の豊かさ

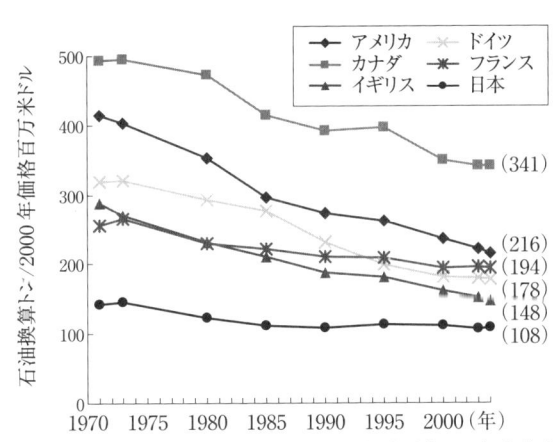

［出典］　日本エネルギー経済研究所「エネルギー・経済統計要覧2007」より作成

図-1.1.11　世界の実質GDP当たりの1次エネルギー消費量の推移

や利便性を追求してきた結果，その削減余地はそれほど残っていないのではないかといわれている。一方，資源生産性(資源の投入量あたりの財・サービスの生産量)を表す環境指標ファクターX(エックス)において，持続可能な社会の実現には先進国の環境効率を10倍に，すなわち資源やエネルギー消費を10分の1にしなければならないというファクター10の提唱がある。たとえ環境先進国の日本といえども，これまで通りに室内環境の豊かさを最大固定化して省エネルギーを考えるという従来の図式は成立し難い。

日本の人口は，2050年には1億人を下回り，高齢者率は約35％に上ると推計されている(図-1.1.12)[2]。このことからも，建設と解体を繰り返してきた日本の従来型の建築産業は明らかに斜陽産業である。しかし，現在の建築ストックをこれからの50〜100年間でどのように収束させていくのかというきわめて重要な社会的役割が生じている。知的生産性を維持しながら，建築の豊かさと環境負荷を「持続可能」という尺度で最適化するようなパラダイムシフトの必要性が求められている。

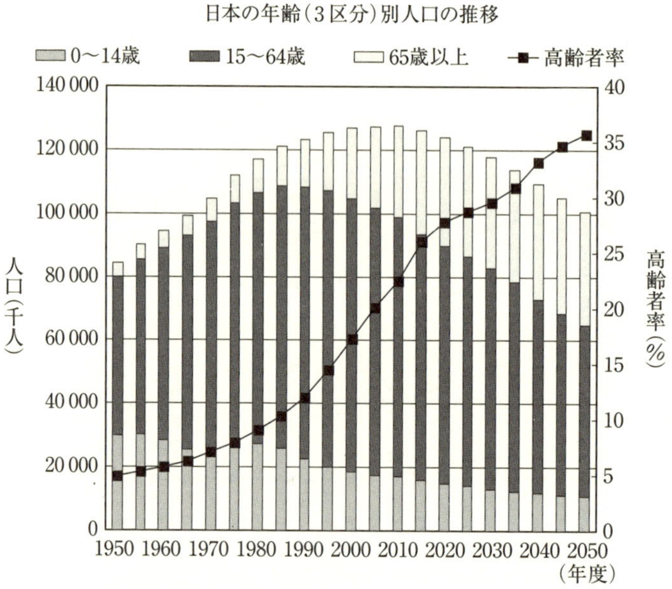

日本の年齢(3区分)別人口の推移

［出典］　環境省「環境白書平成18年度版」

図-1.1.12　日本の年齢別(3区分)人口の推移

1.2 建築設備の設計と運用における課題

　1960年代以降，日本の建築は多様な機能と性能が要求されるようになり，それにしたがってエネルギー多消費型建築へと変化してきた。建築が環境負荷に与える影響は大きく，その運用段階でエネルギーを大量に消費する建築設備の省エネルギーは今や必須の要件である。

　建築設備の省エネルギーは，① 負荷を小さくする建築環境設計，② 適切な建築設備の設計，③ 建築設備の適切な運用と管理，の三本柱からなり，そのうちの一つが欠けても省エネルギーは進まない。

　本節ではこれらの三本柱にかかわるいくつかの課題について述べたい。なお，建築設備は空調設備，電気設備，給排水衛生設備などの総称である。ここでは空調設備を中心に解説するが，課題に対する基本的な考え方は他の設備にもあてはまるだろう。

1.2.1 省エネルギーへのインセンティブ

　建築設備の省エネルギーに対するベストソリューションは，建築設備を使わないことである。日本よりも高緯度に位置するヨーロッパは夏季でも低湿で涼しく，これまでルームエアコンは家庭に普及していなかった。しかし，2003年にヨーロッパを襲った熱波によってフランスで約1万5000人が死亡したことは記憶に新しい。身体に負担がかからない環境が不可欠な病人や高齢者を除くとして，我々人間は空調のない暮らしをおくれるだろうか。

　ここに書くまでもないことだが，環境意識の旺盛な一部の人を除けば，ほとんどの人々は空調なしでは暮らせなくなった。平成16年全国消費実態調査によれば，ルームエアコンは家庭の中で最も所有数量が多い耐久消費財であり，約87％の普及率，一世帯当たり平均2.3台，中でも4台以上を所有している割合がそれ以下の台数と比較して最も高いという結果が得られている[6]。

　現在のところ，すべてを短期間に解決するような革新的な技術や方策は見当たらず，我々ができることは，技術開発と法制度の整備，加えて環境にやさしいことが価値のあることであるという社会(文化)を育てることを地道に続けることしかない。

　さて，我が国の省エネルギーに関する法律に「エネルギーの使用の合理化に関

する法律」(通称：省エネ法)がある。この省エネ法は石油ショックを契機に1979年に制定されたが，京都議定書が発効してからは数年おきに改正が行われ(直近の改正は2006年4月)，住宅・建築物や工場・事業場に対する省エネルギー措置が強化されてきた[7]。しかしながら，その中で示されているPAL(年間熱負荷係数)やCEC(エネルギー消費係数)の数値はあくまで建築主等の判断基準であって強制ではない。また，エネルギー管理指定工場の事業者等に対しては，中長期的な省エネルギー計画を作成して定期報告を行い，エネルギー消費原単位を年平均で1%以上低減させる目標を課しているが，この1%も努力目標である。

　PALやCECについては，現在の一般的な建築レベルから考えれば省エネルギーに対して特段の工夫がなくてもクリアしてしまうことが多い。また，年平均1%の努力目標についても，最初から省エネルギーを追求しない方が後々楽になるということも考えられる。日本の省エネルギー対策はその根底で当事者の自主行動を促すものが多いが，待ったなしの昨今の状況を考えると果たして今のままで良いのか疑問が湧く。PALの判断基準値の改正においても，この数値を厳しくすれば建築デザインの自由度が少なくなるという強い意見があって，やむなく今の数値になったと聞いたことがある。

　日本では，日本経済団体連合会の環境自主行動計画や各企業の環境報告書に見られるようなプレッジ・アンド・レビュー方式が主流である。すなわち自ら目標をプレッジ(誓約)し，第三者がその成果をレビュー(検証)する方式である。しかし，読売新聞(2007年11月24日付)の記事によれば，取り組み状況を点検する環境省と経済産業省の合同審議会に提出された主要39業界の新計画には，「目標値が低い」，「数値の根拠が不透明」といった批判が続出したと報告している。また，自主目標の設定についても，過半数を占める22の業界で一定生産量当たりの排出量を削減率としていることを指摘している。この指標が，排出量そのものの削減を担保しないことは明らかである。

　一方，EUでは2005年1月から域内排出量取引制度が開始されている。キャップ・アンド・トレード方式に基づくもので，政府が定めた総排出量に対して排出規制対象の企業にその上限値が割当てられ(キャップ)，余剰分が出た企業はその排出権を売却できる(トレード)というものである。米国やカナダもEUとの排出量取引市場の共通化に合意し，オーストラリアも合流に動くなど，国際基準になる公算が大きくなっている(読売新聞，前出)。日本でも国内排出量取引制度が2005

年より始められているが，義務ではない自主的参加型の制度であり，参加企業はきわめて少数に留まっていて本格導入には至っていない。

建築分野はこれまで計画・意匠，構造・防災，環境・設備の三つに大別されてきたが，今後はこれらが三位一体となって「サステナブル建築」を志向していく必要がある。その自主行動を促す経済合理性を持ったインセンティブの方法を真剣に議論する時期に来ていると思われる。

1.2.2 空調設備の設計

一般に，空調設備は最大負荷計算に基づく装置容量で設計される[8]。最大負荷計算は，竣工後の運転において空調設備が能力不足にならないように装置容量を決定するために行うものなので，入力となる気象条件は最も暑い日と最も寒い日が想定される。しかし，外気温度や日射量などの気象要素ごとに時刻別の統計処理を施し，それらを24時間分つなぎあわせて1日の気象データを作成している関係で，気象の連続生起性の観点からは実際よりも厳しい気象状況をつくっていることになっている。さらに，最大暖房負荷の計算には室内発熱をカウントしないといった空調負荷要因の取捨選択や最大冷房負荷の計算には将来的な室内発熱の増加を見込むなど，装置容量不足に対する安全側の配慮がなされる。

最大負荷をどのように算出するかは，最終的には設計者の判断に大きく委ねられるが，暑い日に冷房が効かないといったクレームをできるだけ避けたいという心理が働いて，必要以上に過大な装置容量を選定してしまう危険性がある。事実，10年に1度の猛暑の年でも冷房が効かなかったということを耳にしたことはない。

過大な装置容量で計画された空調設備はエネルギー効率の低下と不安定な制御を招く。図-1.2.1は一般的な建物の空調負荷の出現頻度分布を示したものだが，最大負荷に近い負荷が発生するのは年間のわずかな時間だけであり，最大負荷の半分以下の低負荷の時間が圧倒的に多い[1]。最大負荷を過大に見積もることは装置容量を大きくするだけでなく，ダクトや配管のサイズも大きくなる。大きな能力で小さな仕事をすることが非効率につながることは容易に想像できよう。

米国では設計の品質を高めることを目的にパフォーマンス契約が結ばれることがある。設計の良し悪しによって発注者と設計者の間でボーナスあるいはペナルティが発生する契約である。まず，設計前にターゲットモデルとよばれるレファ

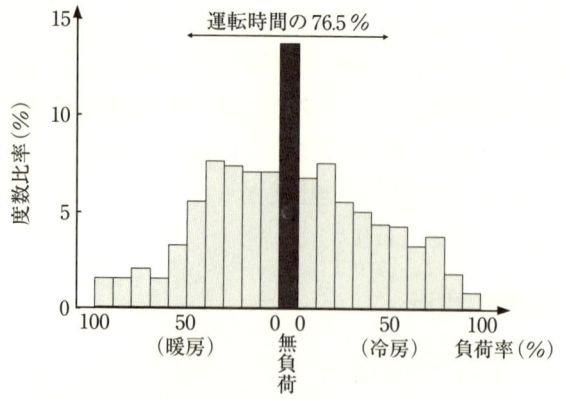

[出典] 空気調和・衛生工学会「図解 空調・給排水の大百科」

図-1.2.1 空調負荷の出現頻度分布（運転時間比）

レンスの空調システムを想定し，シミュレーションによって基準となるエネルギー消費量とコストを算定しておく。設計者はその結果を受けて，その性能を上回ることを目標に空調システムの設計を行う。竣工後，エネルギー消費量にかかる実コストが基準値よりも下回れば，設計が優れているものとして設計者は発注者からボーナスを受け取れる。逆に，基準値よりも上回れば，目標が達成できなかったとして設計者は発注者にペナルティを支払わなければならない。**図-1.2.2**の一例によれば最大250 000米ドルの移動があって，それもペナルティ側が厳しい条件（コスト増1に対してペナルティ15）で支払うような構造になっている。ターゲットモデルの±20 000米ドルの範囲に収まればお金の移動は発生しない。

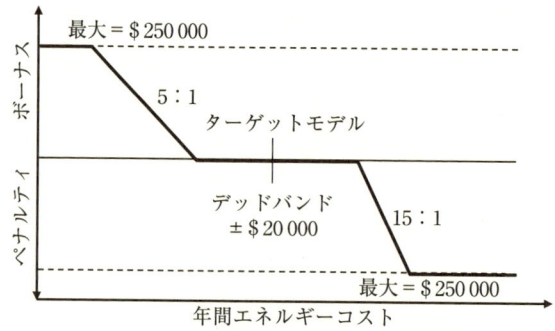

図-1.2.2 パフォーマンス契約における判断条件の例

空調設備の設計においてもインセンティブが必要である。日本における建築の設計費は施工費の数％という仕組みになっており，穿った見方をすれば，装置容量の大きい空調設備を導入すればそれだけ設計費が高くなって，設計者も機器メーカーも得をする。損をするのは発注者である。もちろんそのような倫理観の低い設計者は稀であろうが，少なくとも過大に見積もった安全側の設計には省エネルギーに向けた経済的な合理性は働かない。

1.2.3　空調設備の運用

　大学では空調設備の省エネルギー性能の評価を共同研究として企業から依頼されることが多い。この段階で空調設備はすでに運用されており，実測データは時々刻々と得られているので一見簡単に済みそうだが，実は多大な労力と時間を要する。もちろんすべてのケースがそうではない。しかし，誤解を恐れずにいえば，ほとんどのケースで次の問題点が指摘される。

① 　設計性能の目標値がはっきりしない。例えば，従来システムに対する省エネルギーの具体的な数値目標が示されることは少ない。たとえ示されても，どのような従来システムを想定しているのか明らかになっていないことが多い。

② 　性能評価にほとんど関係ないものも含めて膨大なデータを一括して扱うことになる。そこから必要なデータを抽出しなければならない。

③ 　正しいデータが得られているのか，個々のデータの経時変化などをグラフ化しながら確認しなければならない。センサの異常や間違った配線で正しくないデータとなっている場合がある。

④ 　正しい運用がされているのか確認しなければならない。現場管理への情報伝達不足により設計主旨と違った運用がされている場合がある。

⑤ 　空調設備は要素機器やサブシステムから成り立っている。空調設備の全体の性能はこういった要素機器やサブシステムの性能に大きく左右されるが，このレベルの測定は予算の関係で削られる場合が多く，結果的に肝心なデータが得られていないということもある。

　こういった問題を一つ一つクリアするのに1年かかる。2年目になってようやく解析に使えるデータが揃うことになるが，空調設備は夏季，中間季，冬季で異なった動きを示すので年間を通して評価しなければならない。さらに，効率的な運用方法を提案し確認するとなると追加で1年，結局のところ少なくとも2～3

年の性能評価期間が必要ということになる。膨大な建築ストックの省エネルギー化を進めようとしても，このような後追いの評価だけでは気の遠くなるような話しである。

もともと大学に共同研究として持ち込まれる空調設備は先進的なシステムであることが多く，企業としてはその有効性の検証結果を第三者機関とともに得たいという考えがある。よって，評価されることを前提に通常よりは多くのセンサを設置し，性能評価に際しての企業側の体制も十分に配慮されている。それにもかかわらず上記のような問題が発生するということは，それは建築生産の個々の問題ではなく，建築が一品生産の受注産業であり，それに大量の人的資源が投入される重層下請体制という産業構造上の理由からくる問題と見なしてよいだろう。

こういった性能評価のプロセスを経た空調設備はきわめて少数であり，竣工直後のみならず数十年のオーダーで性能が把握されている空調設備はさらに少ない。世の中の無数にある建築設備の実態はまったく明らかにされていないといってよく，目に見えない不具合と不適切な運用によって多くのエネルギーとコストが浪費されている可能性がある。場合によっては人命にかかわる重大な事故を引き起こす危険性もある。

図-1.2.3はある熱源機の凝縮器の不具合を示したものである。凝縮器の中でスライムが発生し熱交換効率の大幅な低下を招いた。この熱源機の性能は高性能な部類に入るが，竣工後の数ヶ月で思わぬ不具合を生じた典型的な例である。この不具合は，運転開始直後から各種データを収集し，熱源機の性能を詳しくチェックしていたことから判明したが，それがなければ不具合の原因はもちろんのこと，熱源機の性能が十分に発揮されていないことすらわからなかったかもしれな

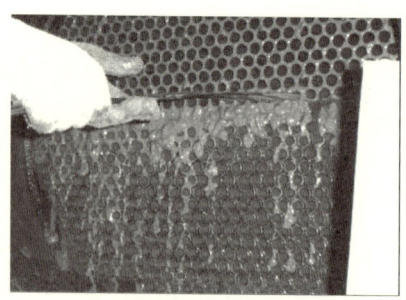 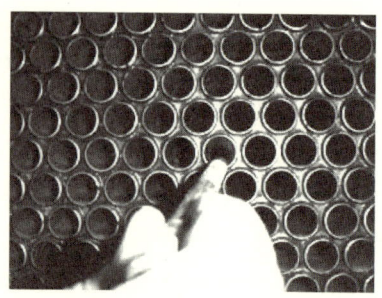

図-1.2.3　熱源機の凝縮器の不具合の例（左：不具合発生時，右：不具合対処後）

い。どんなに細心の注意を払って設計し，施工しても，何らかの不具合はどこかで発生していると思った方がよい。

前述したように，空調設備は多くの要素機器とサブシステムから成り立っている。空調設備の運用において全体が調和するには，それを構成する要素機器やサブシステムの制御上の設定値を適切に与える必要がある。空調設備設計の段階では，ある条件下で考えられる設定値が提示されるが，この設定値は日々変化する気象条件や室の使い方に対して適正である保証はない。現在の管理業務の多くは，スケジュールの確認や日報作成といった監視業務に留まり，状況に応じて設定値を適切な値に変更する（最適化）といった省エネルギーへのきめ細かな運用はほとんど行われていない。

図-1.2.4は，空調設備の運用において不具合を検知・診断し，制御上の設定値を最適化することをシステム性能の観点から示したものである。空調設備の経年劣化は運転開始直後から始まって徐々にその性能が低下するが，不具合があれば急激に性能が低下する。不具合を逸早く検知し対処することが肝要であり，その上で設定値の最適化を行うことによって，空調設備の性能の最大効率化が図れる。空調設備の運用段階における維持管理はきわめて重要な業務である。

もう一つの課題は，上述の経年劣化である。建築設備の実態は明らかにされておらず，よって経年劣化に関するデータもほとんど把握されていない。建築設備の耐用年数は15年前後である。建築が長寿命化すれば，ライフサイクルにおけ

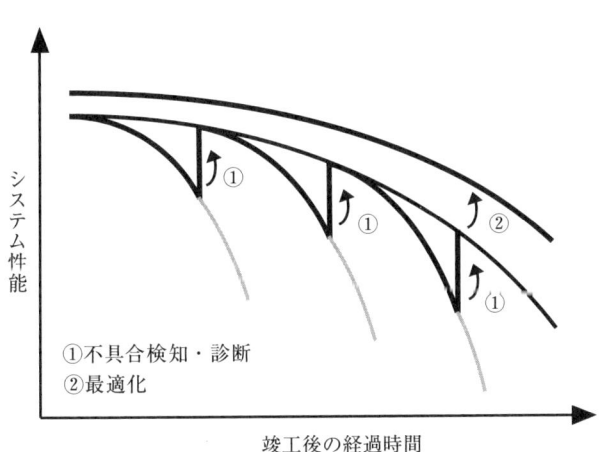

図-1.2.4　空調設備の運用における不具合検知・診断と最適化

る建築設備の改修回数は増える。中長期の改修計画や改修時の高度な設備診断には経年劣化の情報が不可欠であるが，それに関する良質のデータベースは整備されていない。

1.2.4 空調設備機器の性能表示

1998年の大幅な省エネ法の改正において，エネルギー多消費型の機器に対して省エネルギー性能の向上を促すためのトップランナー基準が導入された。この基準は，省エネ法で指定する特定機器の省エネルギー基準を，各機器の基準設定時において商品化されている製品のうち最も省エネルギー性能が優れている製品の性能以上にする，というものである。トップランナー基準の導入については産業界から大きな反対があったと聞いているが，今では大きな効果があがっており，製品の差別化を通して企業の競争力向上にもつながっている。

現在，トップランナー基準では21の特定機器が指定され，乗用車はそのうちの一つである。乗用車の省エネルギー基準は燃費である。かつては一定速度(60km/h)で走行した結果を燃費として表示していた。しかし，発進と停止の回数が多い市街地の走行での燃費は悪くなるということは良く知られている。表示される燃費の数値が良い車は販売において有利になるので，一定速度の燃費に合わせたエンジン特性を持つ車が登場するなど実態にそぐわない状況が生じていた。

現在は市街地と郊外を想定した走行パターンに基づく10・15モード燃費の表示になっており，さらにエンジンが冷えた状態からスタートする測定も加えたJC08モード燃費の表示が2007年7月から始まっている。このように，製品の性能を適切に表示することは，真に性能の良い製品を市場に流通させ，社会全体の省エネルギーを推進させることに大きく寄与する。

空調分野については，ルームエアコンがトップランナー基準の特定機器に指定されているが，従来は一定の温度条件で測定された定格(全負荷)運転時のエネルギー消費効率COP(成績係数)しか表示されてこなかった。前述したように，年間の空調負荷で最大負荷に近い負荷が発生するのはわずかな時間しかないので，年間を通したトータルな運転においてエネルギー消費量が少ない製品の選択はCOPだけでは判断できない。また，最近のほとんどのルームエアコンにはインバータが搭載されており，部分負荷時の効率が格段に向上している。部分負荷時の性能が良いことと全負荷時の性能が良いことは一対一に対応しない。全負荷時

の性能を犠牲にして部分負荷時の性能を向上させる技術力を機器メーカーは持っている。COPの表示によって本来流通してほしい製品の流通が阻害されることは問題である。こういった背景から，現在は4kW以下の一部のルームエアコンを対象に実際の運転に近い条件で性能を表す通年エネルギー消費係数APFの表示が2006年10月より始まっている。

一方，一般のビル空調に使われる比較的大型の冷凍機については，トップランナー基準の特定機器に指定されておらず，現在でも従来のCOP表示しかされていない。米国では，ARI (Air-Conditioning and Refrigeration Institute) 規格で定めたIPLV (Integrated Part Load Value) によって表示することになっている。IPLVは，100％，75％，50％，25％の4段階の負荷に応じてCOPを求め，それぞれに重みを乗じて加算した多項式で表される期間成績係数である。最近の日本では，インバータを搭載した超高性能な冷凍機が市場に供給されつつあり，その部分負荷時のCOPは従来機をはるかに上回る。こういった優れた製品の流通を促す性能表示法の早急な確立が必要である。現在，学会委員会等において日本版IPLVの整備に向けた検討が進められている[9]。

1.3　建築設備のコミッショニング

コミッショニング (Commissioning, 性能検証) とは，「環境・エネルギー性ならびに使いやすさの観点から，使用者の求める対象システムの要求性能を取りまとめ，設計・施工・受渡しの過程を通して，その性能実現のための性能検証関連者の判断・行為に対する助言・査閲・確認を行い，必要かつ十分なる文書化を行い，機能性能試験を実施し，受け渡されるシステムの適正な運転保守が可能な状態であることを検証すること」と定義される[10]。

コミッショニングはつい数年前までは国際的にも新しい概念であったが，最近は「すでに新しくはない」という声も聞かれ，日本でも建築設備の品質確保に向けたコミッショニングプロセスの構築が急速に進められている。なお，コミッショニングに関する情報はNPO法人建築設備コミッショニング協会ウェブサイトhttp://www.bsca.or.jp/に詳しい。

1.3.1 コミッショニングの概要

　前節で述べた建築設備の課題を改善する仕組みの一つがコミッショニングである。コミッショニングの定義によれば，コミッショニングはシステムや機器類の実性能が要求性能や基準に合致しているかどうかを検証して記録し，合致していなければ改善するといった品質志向のプロセスと理解される。このプロセスを定めることによって建築設備の実態を明らかにし，ライフサイクルにわたってエネルギー効率を高め，省エネルギーと環境負荷低減への貢献を確かなものとすることを意図している。

　ところでCommissioningという英単語を辞書で引いても直接的な和訳は得られない。しかし，最も語源に近いだろうと思われる和訳に"（船などを）就役させる"がある。すなわち，「航海に旅立つ前に船のすべての部分（エンジン，ソナー，レーダー，通信機器，ジェネレーター，水など）をチェックしないことがあるだろうか」，「最新の海図が確かにあって，それが利用できる状態にあることをチェックしないことがあるだろうか」，「船の操作法や緊急時の行動について，船員をトレーニングしないことがあるだろうか」というわけで，これと同じことが建築設備にもあてはまるということである。このたとえ話は，なぜコミッショニングが必要かを説明する際によく使われる。

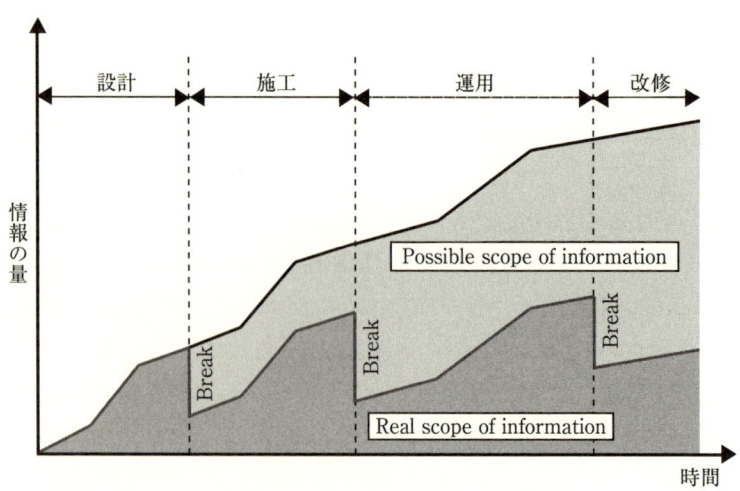

図-1.3.1　建築設備の情報量のライフサイクル変化

コミッショニングを必要とする多くの問題の原因は，発注者（所有者），設計者，施工者，管理者，使用者といった建築設備にかかわるプレイヤー間の情報のギャップにあるといわれている。**図-1.3.1**は建築設備の情報量と建築のライフサイクル上の経過時間の関係を示した概念図である。本来であれば，企画段階や設計段階から情報は蓄積され，その量は運用段階や改修時に至るまで順調に増加していくはずである。しかし，ある段階からある段階に移行する際に主体となるプレイヤーが変わり，情報の大きな欠落が生じてしまう。その結果，本来利用できるはずの情報量のうち実際は一部しか活用されていないというわけである。情報のギャップを埋めるためには以下のことが必要になる。

① 発注者の具体的な要求性能を明らかにし，発注者と設計者がそれを互いに理解し同意すること。

② 設計監理，施工管理の質を向上させること。すなわち，発注者の要求性能の内容が設計図書に確実に反映され，実際に正しく施工されているかを確認すること。

③ 発注者の要求性能が実際のシステム運転で実現されるかを確認すること。

④ 発注者の要求性能を満たすためのシステムの考え方や機能，運転方法などを管理者が十分に理解し，その能力を最大限に引き出すことができるようにすること。

⑤ 発注者や管理者が要求性能を満たすシステムの運用が行われていることを確認することができること。

図-1.3.2はコミッショニングプロセスを整理したものである。このプロセスが建築設備の品質確保のための大枠を規定するものとなる。ただし，この図は後述する当初コミッショニングを中心に表しているので，他の種類のコミッショニングに対しては若干の変更が必要となる。コミッショニングの実施を担うプレイヤーは，性能検証責任者あるいはコミッショニングプロバイダーであり，建築設備にかかわるプレイヤー間の情報のギャップを埋めるために新たに登場するプレイヤーである。

コミッショニングには以下の4つの種類がある[10]。

① 当初コミッショニング（Initial Commissioning）：新築物件に対して，その企画から受渡し段階（竣工後1～2年の瑕疵期間を含む）を通じた最初のコミッショニングを指すもので，再コミッショニングや復コミッショニングの

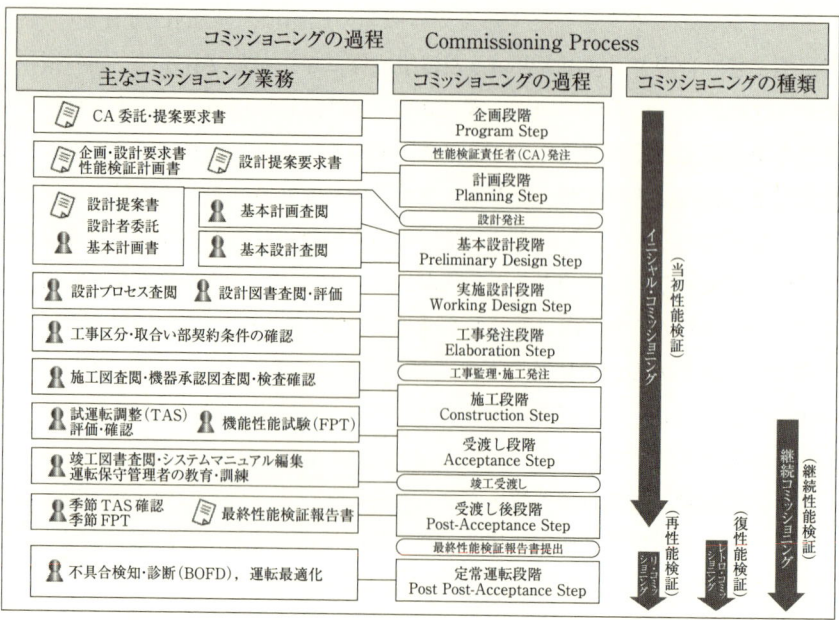

[出典] NPO法人建築設備コミッショニング協会ウェブサイト　http://www.bsca.or.jp/

図-1.3.2　コミッショニングプロセス

際のレファレンス(参照先)ともなる。

② 再コミッショニング(Re-Commissioning)：当初コミッショニング後の既存建物に再適用するコミッショニングで，当初コミッショニングが不適切あるいは建物の利用状況等が変化して再度のコミッショニングの必要性が認められるときに行われる。定期的に再コミッショニングを行うことが有効とされている。

③ 復コミッショニング(Retro-Commissioning)：過去にまったくコミッショニングが行われていない既存建物に最初に適用するコミッショニングを指す。既存建物の設計図書は失われていることが多く，現況とも一致しないこともあるので，その初期の段階には当初コミッショニングの一部に相当する検証過程が含まれる。

④ 継続コミッショニング(On-going Commissioning)：受渡し段階から定常的な運転段階において連続的に適用するコミッショニングを指す。再コミッショニングが繰り返される状態との大きな違いは，再コミッショニングはあ

くまで竣工時の性能を参照するのに対して，継続コミッショニングはその時々の状況にあわせて性能を最適化することに主眼が置かれる。

1.3.2 コミッショニングの意義[11]

　コミッショニングによって建築設備の品質が高まり，その品質がライフサイクルにわたって維持されることは，良質な建築ストックが形成されることにつながり，省エネルギーと環境負荷削減に寄与するので，社会的な意義は大きい。では，建築設備にかかわる主なプレイヤーにとってはどのような意義があるだろうか。

　まず，発注者（所有者）にとって，ビジュアルな建築外観や建築プランに比べて専門的な知識を必要とする建築設備は理解しにくく，とくに近年の建築設備は高度化し，複雑化しているので，設計者に任せきりになる場合が多い。よって，システムの具体的な要求性能を明確にすることは，発注者の省エネルギーや環境保全に対する意識を醸成することにつながる。また，システムの要求性能が確実に実現することによって建物の実質的な資産価値を高めることができる。この点はコミッショニングの普及にとって最も重要な点だが，現状ではコミッショニングを行っても発注者に資産価値の向上を実感させることは容易でないと思われる。コミッショニングを行うには，従来よりも追加の費用と時間（工期）が必要になる。発注者はこれらの投資に見合うメリットをコミッショニングによって得るはずであるが，残念なことに，目に見えないメリットも含めてその効果を数値化し，コミッショニングを行わない場合と比較して発注者に提示することが可能なだけの実績がまだそろっていない。それに，現状の資産価値の大半は，建物のデザインや立地によって左右される。コミッショニングを確立させるためには，例えばコミッショニングを実施した建物は優秀なテナントをより多く誘致できるといったインセンティブを引き出す制度の導入が検討されるべきであろう。

　つぎに，設計者と施工者にとっては，システムの具体的な要求性能が明らかになることによって，設計上のターゲットや試験調整作業の内容・範囲が明確化される。現状では前述したように発注者が設計者に設計を任せきりにすることが多く，設計者は経験と慣習を頼りに以心伝心でなんとなく物事を進めてきたきらいがある。また，建築設備の工事はどうしても全体工期の最後にまわるので，発注者が工期を守ることを望めば，建築設備の工事の中でも最後に生じる試験調整作業の時間を削らざるを得ない。コミッショニングによって設計や施工の責任範囲

や作業範囲が規定され，予算と工期が確保されることになれば，設計図書や施工図面の確認や試運転調整の十分な実施によって設計と施工の品質が格段に向上する。このことは，クレームによる手戻りの減少や無料奉仕の低減といった設計業務や施工業務の効率化につながる。とくに，何かトラブルがあると，だんだん請け負い方に責任が転嫁され，何でも責任をとらなければならないという不透明な習慣がコミッショニングによって改善される。

　管理者にとっては管理技術の向上という意義が大きい。建築業界全体の意識として「建築は竣工したら終わり」という前時代的な認識が根強く残っていることは否めない。建築ストックの時代では建築の性能を如何に維持するかという点が非常に大事で，それを担うのが管理者である。しかしながら現状は，発注者が設計者に設計を任せきりにし，竣工した建築設備の機能や性能を十分に管理者に伝えないまま，管理者に管理を任せてしまう。その結果，単純な監視機能の使用に留まり，ほとんどの重要な機能は活用されないという事態が生じている。高額な投資をかけた資産がほとんど活かされていないということは発注者にとっても大きな問題であるが，発注者がシステムの要求性能を自覚していないので問題が表面化しないだけである。一流の業者を信頼して任せたのだからこういった事態が起きるのは業者の責任だという論調も聞くが，元来，設計はある条件下でしか設計できないので，竣工後のさまざまな状況の中で最高の効率を引き出すにはそれなりの管理技術が不可欠である。コミッショニングを導入することによって，管理者は工事の初期から参加する機会を得ることになり，管理技術の向上とともに管理者の社会的地位の向上にもつなげることができる。

　以上のように，コミッショニングは突き詰めれば建築設備の従来の業態を変革することになるので，実業として確立するにはもうしばらく時間がかかると思われる。また，大量の人的資源が投入される一品生産の受注産業であるが故に，非常に複雑なプロセスを扱うことになってその確立には大きな困難を伴うであろう。とくに黎明期の現在，コミッショニングプロセスを円滑に進めるための技術基盤，人材育成，社会的啓発，制度導入が不十分であると思われる。しかしながら一方で，コミッショニングが建築設備の品質を高め，その品質をライフサイクルにわたって維持するのにきわめて有効な概念であるということが徐々に認知されるようになってきていることも事実である。

1.3.3 コミッショニングの費用と効果

　日本では 2004 年に空気調和・衛生工学会(SHASE)によって初めてコミッショニングガイドラインが整備され[10]，同年には建築設備コミッショニング協会(BSCA)も発足した。ここ数年の活発な議論を通して，日本のコミッショニングも急速に形になりつつある。一方，米国では 1989 年に米国暖房冷凍空調学会(ASHRAE)によって最初のコミッショニングガイドラインが整備された。現在までに 2 度のガイドライン改定(1996 年，2004 年)が行われており，その都度，空調設備のライフサイクルからビル全体へとコミッショニングの適用対象が拡大されている。また，この間にビルコミッショニング協会(BCA)が設立されている(1999 年)。今ではコミッショニングプロセスにおける作業の一つと位置づけられる試験調整作業 TAB(Testing, Adjusting and Balancing)についても 1970 年前後からその職能団体が形成され，TAB マニュアルの発行や ASHRAE 技術委員会での検討が進められてきた経緯がある。

　日本の状況は，米国のガイドライン整備から考えて少なくとも 15 年以上遅れているが，その米国でもコミッショニングが専門的な職業として未だ十分に確立していない。よって，コミッショニングの実際的な適用という側面においては，EU 諸国も含めてほぼ横一線にあるという見方もないわけではない。しかし，コミッショニングの実効性は，ガイドラインができたからといって一朝一夕に発揮される代物ではない。ガイドラインの継続的な更新と並行して 20 年近く活動を続けている米国は世界の中でも突出したコミッショニングの先進国であろう。

　その米国でもコミッショニングの費用と効果については議論が続いている。コミッショニングの費用は，① 性能検証責任者もしくはコミッショニングプロバイダーに支払われる費用，② 発注者側の担当者に支払われる費用(発注者が自前で負担する費用)，③ 設計者や施工者に支払われる費用，に大別される。積み上げるべきコミッショニング費用の内訳を理解しておくことは，コミッショニングを当然のマーケットとして確立し，建設プロセスの標準的な一部として正当な行為であることを一般に認知させ，発注者に建設コストの一部としてコミッショニング費用を予算化させることができるとされている[12]。

　表-1.3.1 には米国の公共建築を中心としたコミッショニング事例における費用が示されている[12]。これらの事例をベースにコミッショニング費用を割り出せ

表-1.3.1 米国のコミッショニング費用の事例

建物	完成年	建設コスト ($)	機械設備 ($)	電気設備 ($)	機械・電気合計 ($)	正味CA費用 ($)	正味CA費用/機械・電気費 %	備考
1-精神病院	1996	8 000 000	2 000 000	NA	2 000 000	15 450	0.8	部分Cx
2-大学/教室	1997	140 000	140 000	0	1 400 000	12 000	8.6	VAVレトロフィット
3-大学/教室	1997	14 000 000	2 152 848	1 514 562	3 667 410	45 600	1.2	部分Cx
4-大学/研究・教室	1997	14 400 000	2 584 300	1 409 100	3 993 400	73 800	1.8	部分Cx
5-事務所	1997	505 000	420 000	51 000	471 000	11 370	2.4	機器交換
6-大学/研究・教室	1999	6 500 000	2 400 000	805 000	3 205 000	49 907	1.6	機械/電気交換
7-大学/研究・教室	1999	8 700 000	2 763 500	910 000	3 673 500	139 000	3.8	大規模増築
8-事務所	1998	600 000	227 000	112 000	339 000	6 700	2.0	熱源交換
9-大学・研究・その他	1999	8 000 000	1 473 797	894 864	2 368 661	56 810	2.4	建築中
10-矯正所	1999	8 000 000	1 570 241	699 830	2 270 071	49 201	2.2	建築中
11-精神病院	1999	12 000 000	2 131 206	1 440 994	3 572 200	110 600	3.1	建築中
12-事務所	2001	14 000 000	4 965 000	2 400 000	7 365 000	109 000	1.5	建築中
13-刑務所	1998	69 000 000	13 800 000	6 058 200	19 858 200	320 000	1.6	建築中
14-刑務所	2001	61 000 000	12 200 000	5 355 800	17 555 800	486 600	2.8	建築中
15-刑務所	2001	68 000 000	13 600 000	5 970 400	19 570 400	390 200	2.0	建築中
16-刑務所	2001	110 324 000	22 064 800	9 686 447	31 751 247	813 588	2.6	建築中
17-研究所	2001	20 000 000	6 500 000	3 500 000	10 000 000	258 000	2.6	建築中
18-病院	2001	6 764 000	1 922 610	785 076	2 707 686	63 000	2.3	建築中
19-学生会館	2001	2 805 000	883 575	179 520	1 063 095	28 000	2.6	建築中

[出典] NPO法人建築設備コミッショニング協会ウェブサイト http://www.bsca.or.jp/

ば，① 平均的には機械設備の約2.5％，電気設備の約1.5％で，いずれもその費用の±33％程度の範囲に収まること，② 単位床面積あたりでは，約0.5～1.5米ドル/平方フィートであり，学校や事務所ではこの範囲のうち低い方の1/3，研究室と教室の複合教育施設や犯罪矯正施設では中間の1/3の範囲，病院や研究施設では高い方の1/3の範囲になること，③ 性能検証責任者もしくはコミッショニングプロバイダーへの費用はコミッショニング費用全体のおよそ66～88％であること，などが指摘されている。

表-1.3.2は過去のコミッショニング事例からカリフォルニア州の既存ビルと新築ビルにおけるコミッショニング市場の可能性を試算したものである[13]。コミッ

表-1.3.2 コミッショニング市場の可能性

建物種別	既存ビル＞25 000sf					
	1	2	3	4	5	6
事務所	0.34	722.00	14 440.0	146.5	2.45	2.0
小売店	0.32	395.35	7 907.0	108.8	1.56	1.6
食品店	0.33	101.94	2 038.8	51.2	0.96	0.7
学校	0.34	558.34	11 166.8	98.0	1.20	3.2
大学	0.33	226.46	4 529.2	68.2	0.78	1.9
病院	0.47	268.70	5 374.0	168.7	1.91	1.3
宿泊	0.34	195.45	3 908.9	48.1	0.64	2.1
全体	-	2 468.24	49 364.8	689.6	9.51	1.8
建物種別	新築ビル＞25 000sf					
	1	2	3	4	5	6
事務所	1.07	21.56	6 468.3	39.4	0.66	10.5
小売店	1.07	10.28	3 085.1	25.5	0.37	9.0
食品店	1.59	2.78	833.5	12.2	0.23	5.8
学校	1.20	11.51	3 454.4	18.2	0.22	18.5
大学	0.87	3.77	1 131.5	10.2	0.12	8.4
病院	1.35	5.98	1 795.3	33.8	0.38	6.1
宿泊	1.00	5.45	1 635.8	8.1	0.11	15.3
全体	-	61.35	18 403.8	147.4	2.08	9.9

1：コミッショニング総費用（＄/sf） 2：総床面積（百万sf） 3：コミッショニング適用床面積
4：年間エネルギー消費量削減（百万kBtu） 5：年間エネルギーコスト削減（百万＄）
6：回収年数（年）
［出典］ NPO法人建築設備コミッショニング協会ウェブサイト http://www.bsca.or.jp/

ショニングによって，① 既存ビル全体では約690百万kBtu（728百万MJ）の年間エネルギー消費量削減と約9.5百万米ドルの年間エネルギーコスト削減の可能性があり，コミッショニング費用が2年以内で回収されること，② 新築ビル全体では，同じく約147百万kBtu（155百万MJ），約2百万米ドルの削減の可能性があり，コミッショニング費用が約10年で回収されること，が示されている。これらの回収年数は，コミッショニングによって削減されたエネルギーコストのみから算出されており，設計や施工の業務効率化に伴うコスト削減は含まれていない。

　こういったコミッショニング事例に基づくデータベースは，現在のところ米国でしか得られていないが，そのデータも未だ不十分な状況である。日本や他国ではコミッショニング事例そのものがほとんどない。コミッショニングの適用範囲はプロジェクトごとで異なり，国によって業態や商習慣が違うので，コミッショニングの費用と効果について日本独自に実績を積み上げていくことが必要と思われる。

　日本では，関係業者がコミッショニングの一部の作業に近い内容をサービス提供する商習慣が従来からあり，それがコミッショニング費用の正当性を発注者に理解してもらうことを阻害している要因の一つになっていると思われるが，日本における外資系の仕事では積極的にコミッショニング費用を認める傾向にあり，良いシステムを受け取るためには費用がかかることを発注者が十分に承知しているとも聞く。日本における今後のコミッショニングの普及には，ガイドラインや技術基盤の整備，社会的な教育や啓発，インセンティブ制度の構築と導入といった総合的な取り組みを粘り強く進めていくことが望まれる。

1.4 省エネルギー診断の技術と応用

　空調システムの運用段階における省エネルギー診断の事例として，維持保全の効果をシミュレーションにより試算した結果を示す。また，図-1.2.4（1.2.3項）に概念を示した不具合検知・診断と設定値の最適化を実現するツールの研究事例について紹介する。これらは，空調システムが持つ性能を最大限発揮することに主眼を置くものであり，近い将来実用化が期待される最新の研究事例である。

1.4.1 維持保全と設定値適正化の効果

1.2.3項で述べたように空調システムを構成する機器には運用を行ううちに経年劣化が見られ，不具合も発生する。これらに対し適切に維持保全を行えば，経年劣化を最小限に抑え，不具合によるエネルギーの浪費を未然に防ぐことが期待できる。また，空調システムにおける温度や圧力などのさまざまな設定値には，空調システムの設計時に定められたものを使用することがほとんどだが，これらを見直すことにより省エネルギー効果を得られる可能性がある。これから紹介するのは，空調システムシミュレーションを用いて適切な維持保全と設定値の適正化を実施した場合の省エネルギー・省コスト効果を試算したものである。シミュレーションプログラムはある実際の建物の空調システムをモデルに構築しており，その建物における10年間にわたる運用の中で熱源機器に発生した不具合や機器劣化をほぼ再現している。なお熱源機器とは冷水，あるいは温水を製造する機械である。

(1) 検討ケース

計算を行ったのは以下の4ケースについてである。**表-1.4.1**に検討ケースを示す。

表-1.4.1　検討ケース

ケース名		設定値の適正化	維持保全	不具合	経年劣化
ケースA	無対策	しない	しない	発生する	あり
ケースB	維持保全	しない	する	発生しない	一部回復
ケースC	設定値適正化	する	しない	発生する	あり
ケースD	併用	する	する	発生しない	一部回復

ケースA：無対策

維持保全，設定値の適正化を行わないケース。熱源機器の経年劣化は，対象建物で収集した実測データから性能低下量を推定し，シミュレーションモデルに取り込んだ。**図-1.4.1**は実測値から推定された経年劣化量を表している。運転開始当初の効率を100％とし，対象建物にある4台の熱源機器について冷房運転時の性能の変化をグラフ化している。各熱源機器の効率が徐々に低下していることが確認できる。不具合の発生については対象建物で実際に発生した熱源機器の不具合を参考に，不具合の内容と発生スケジュールを**図-1.4.2**のように想定した。ま

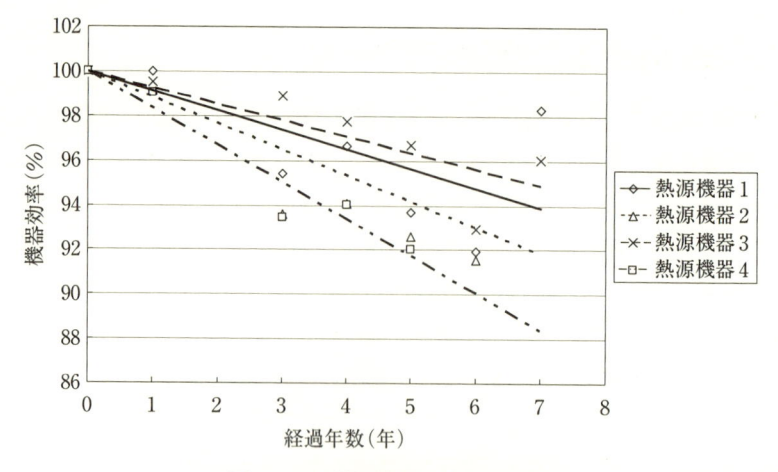

図-1.4.1　熱源機器の経年劣化量

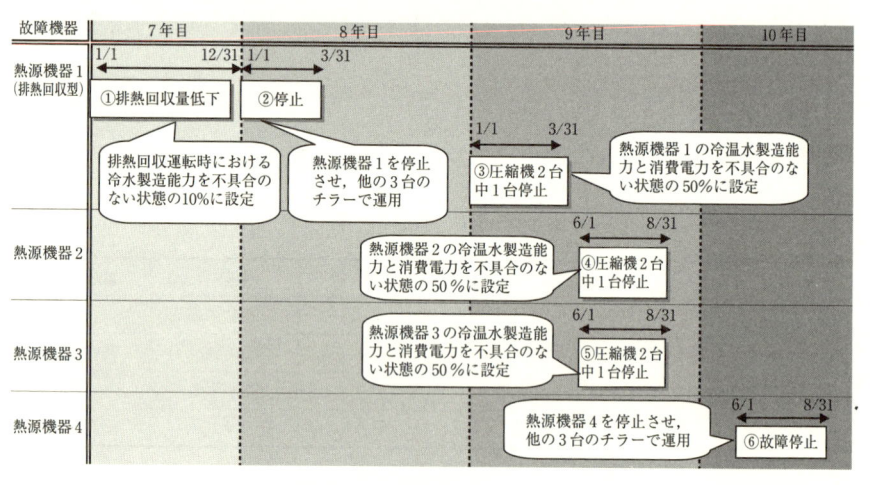

図-1.4.2　不具合の発生スケジュール

た，故障が発生した後，熱源機器の修理が完了するまでの期間については，一般的な発注・工事・および調整を勘案し一律3ヶ月と設定した。修理費用についても，実際の修理費用を参考に一律300万円と仮定した。

ケースB：維持保全

適切な維持保全を行えば，不具合の発生を未然に防げる可能性がある。本ケースは，維持保全を実施することにより不具合の発生を未然に防ぐことができた場

合を想定したケースである。また，経年劣化による性能低下量も維持保全によって一部回復するものとした。

なお，ここで想定する維持保全は熱源機器のオーバーホール（機器を分解し清掃・修理を行う）である。維持保全は3年に一回行うものとし，維持保全費用を**表-1.4.2**のように設定した。

ケースC：設定値の適正化

竣工直後に設定値の適正化を行うことを想定するケース。**表-1.4.3**に適正化する設定値と選択肢を示す。空調システムシミュレーションによる繰り返し計算を用いて，用意した選択肢の中から電気料金が最小となる設定値の組み合わせを見つけ出す。ただし，執務室において勤務時間帯に室温または相対湿度が**表-1.4.4**

表-1.4.2　維持保全周期と費用の設定

熱源名称	維持保全周期（年）	維持保全費用（千円）
熱源機器1	3	1 100
熱源機器2		1 000
熱源機器3		1 000
熱源機器4		800

表-1.4.3　適正化する設定値とその選択肢

設定値		選択肢
外調機給気設定温度［℃］		15，18，21，24，27
外調機給気露点設定温度［℃］		9，12，15，18，21
冷房時入口設定温度［℃］		11，12，13，14，15
暖房時入口設定温度［℃］		41，43，45，47，49
熱交換器3次側出口設定温度［℃］		9，10，11，12，13
熱交換器2次側入口設定温度［℃］		8，9，10，11，12
蓄熱基準設定温度［℃］	低温槽	6，7，8，9，10
	高温槽	16，17，18，19，20
蓄熱率目標値［－］	8時	0.40，0.55，0.70，0.85，1.00
	13時	0.00，0.15，0.30，0.45，0.60
	16時	0.00，0.15，0.30，0.45，0.60
	18時	0.00，0.15，0.30，0.45，0.60
	22時	0.00，0.15，0.30，0.45，0.60

表-1.4.4　温熱環境基準

評価基準	適正範囲
室温	設定温度−1℃〜設定温度+1℃
相対湿度	40%〜70%

の範囲を超えた場合、執務室の温熱環境が悪化したと判断し、電気料金が小さくなる場合であってもその組み合わせは除くこととする。

ケースD：維持保全と設定値の適正化の併用

竣工直後に設定値の適正化を行い、維持保全を3年に一回実施するケース。

(2) 省エネルギー・省コスト効果の算定

空調システムシミュレーションに経年劣化・不具合・維持保全および設定値の適正化を反映し、10年間の空調システム運用を再現することでその省エネルギー・省コスト効果を推定した。電気料金は業務用電力の料金体系を参考に設定し、電

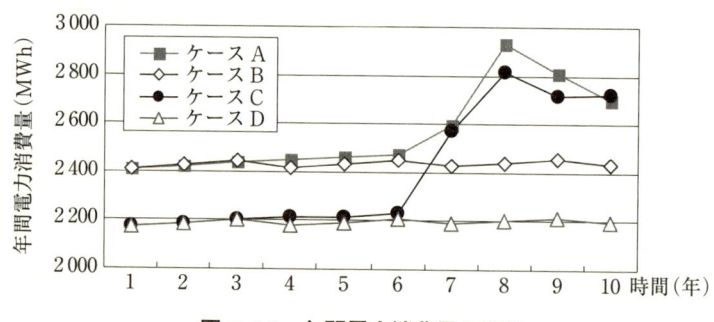

図-1.4.3　年間電力消費量の推移

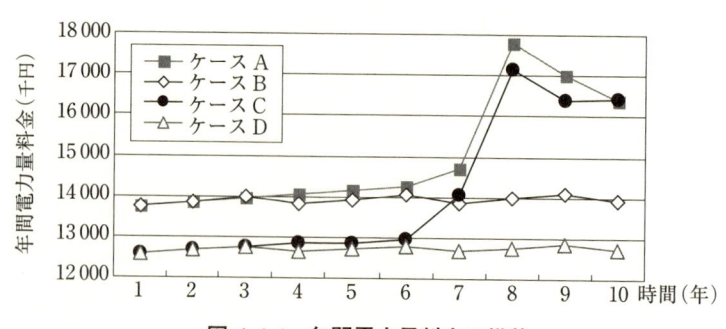

図-1.4.4　年間電力量料金の推移

力量料金[*1]のみを検討対象とした。**図-1.4.3，1.4.4**に各ケースの年間電力消費量，年間電力量料金の推移を示す。各ケースとも3年目までは単調増加するが，維持保全を行うケースB，ケースDは4年目以降，3年ごとに実施する維持保全の効果で横ばいに近い傾向で推移し，維持保全を行わないケースA，ケースCは不具合が発生する7～10年目に大きく増加する。

図-1.4.5，1.4.6に各ケースの10年間の積算使用電力量，積算コストを示す。維持保全を行うケース2では，無体策のケースAに比べ，10年間で約1 350MWhの省エネルギー効果，1 400万円の省コスト効果が得られた。また，竣工直後に設定値の適正化を行うケースCでは，無体策のケースAに比べ，約1 650MWhの省エネルギー効果，900万円の省コスト効果が得られた。維持保全，設定値の適正化をどちらも実施したケースDでは，省エネルギー，省コスト効果はそれぞれ3 750MWh，2 600万円となっており，併用した場合の方がどちらか一方を

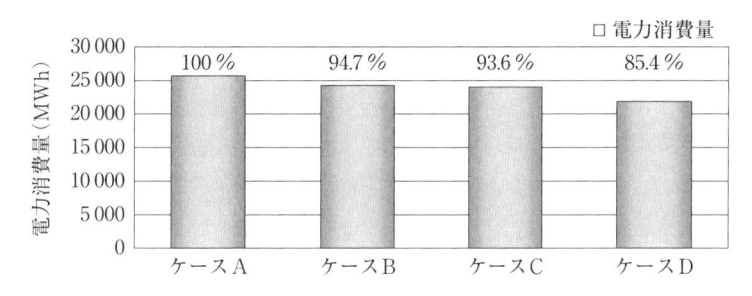

図-1.4.5　10年間の積算電力消費量

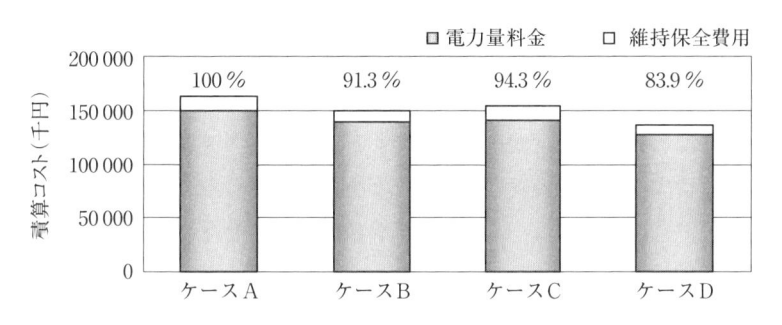

図-1.4.6　10年間の積算コスト

[*1] 電気料金は，基本料金・電力量料金・燃料費調整額などにより構成される。電力量料金は電力の使用量に対してかかる従量料金である。

実施する場合よりも効果が高いことがわかる。維持保全と設定値の適正化を併用した場合，10年間の運用で14.6％の省エネルギー効果，16.1％の省コスト効果が得られることを確認した。

この試算では，維持保全を実施することにより，不具合が未然に防げると仮定し，さらに機器の性能もいくらか回復すると仮定している。もちろんこれはあくまで仮定であり，実際には定期的に維持保全を実施していても不具合が発生する可能性もある。しかし，維持保全が不具合発生の抑制に寄与することは間違いなく，長期間のシステム運用を考えた場合，エネルギー消費量，コストの面で有利に働くことが試算結果から予想される。さらに，不具合が発生すれば空調処理能力が低下することが考えられ，ひどいときにはシステムが停止してしまうことも考えられる。システムの利便性と堅実な運用ということを考えた場合，効果的な維持保全の実施が重要である。

1.4.2 不具合検知・診断

空調システムでは，運用を行っていく中で大小さまざまな不具合が発生する。ある中規模事務所ビルにおける12年4ヶ月に渡る運転実績についてまとめた研究事例[14)]では，空調システムにおいて実に231件もの不具合が発生したと報告されている。単純計算すると19.5日に一回不具合が発生したことになる。構成機器が多く，空気や水，冷媒が日常的に循環する空調システムでは，不具合が発生する可能性が高く，こうした例はけっして特異な例ではない。そして，1.4.1項で示したように不具合によってエネルギーの浪費が引き起こされたり，室内環境の悪化を招いたりする。図-1.4.7に不具合の現象別構成比を示す。一見すると室内環境の悪化やエネルギーの浪費を引き起こしているものがあまりないように思われるが，漏水や腐食などが進行していくと，空調システムの循環水量の低下や水質の悪化によって熱交換効率の低下などを招くことから，室内環境の悪化やエネルギーの浪費につながる。これらの不具合は徐々に進行していくため，発見が難しく，日常的に空調システムの運転状況を監視し，早期に不具合を発見することが重要である。

では，どのようにして不具合を発見するのか。室内環境やエネルギー消費量は外気温度や湿度，日射量などの外乱の影響によって変化する。また，在室人数や照明，コンピュータの使用状況などにも影響される。そのためエネルギー消費量

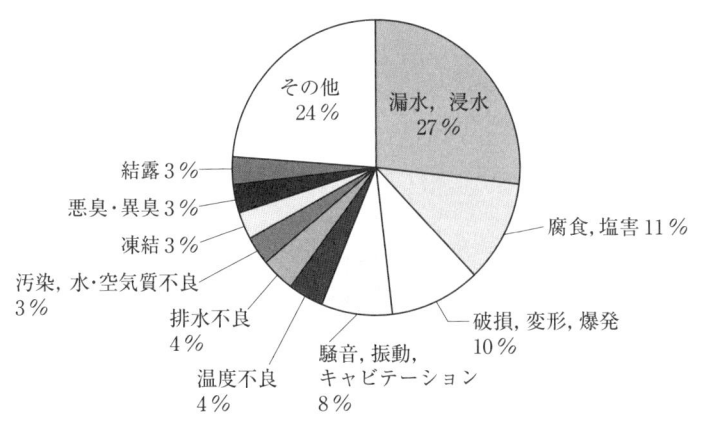

[出典]　空気調和・衛生工学会施工保全技術小委員会報告書

図-1.4.7　不具合の現象別構成比

が増えたからといって，単純に不具合と判断することはできない。また，仮に不具合があると判断できても，それがどこの部位（機器）に原因があるのかを特定することができなければ修理することはできない。ここに不具合検知・診断の難しさがある。これから紹介するのは空調システムにおいて不具合を検知し，その発生箇所を特定するためのツールである。なお現段階では，本ツールはある小規模実験施設の空調システムを対象に開発を進めている。今後，より一般的なオフィスビルを対象としたツールに拡張していく予定である。

(1) 不具合検知・診断ツールの概要

図-1.4.8に不具合検知・診断ツールの概念図を示す。本ツールの開発のコンセプトは，① 最小限のセンサのみを使い導入コストを抑えること，② 不具合発生箇所を完全に特定するのではなく，不具合を迅速に発見し，発生箇所を絞り込むことである。そのため使用する測定値は，a. 空調時間帯の日平均室温，b. 熱源機器日積算電力消費量，c. システム日積算電力消費量の3つのみとなっている。本ツールでは，外界気象や室内の運用状況のデータを空調システムシミュレーションに与え，正常に運転された場合にa. 空調時間帯の日平均室温，b. 熱源機器日積算電力消費量，c. システム日積算電力消費量がどの程度になるのかを計算する。その上で，計算値と実測値との偏差を取る。一方で，シミュレーションによってさまざまな不具合状態を発生させ，その際のa. 空調時間帯の日平均室温，b. 熱源機器日積算電力消費量，c. システム日積算電力消費量をそ

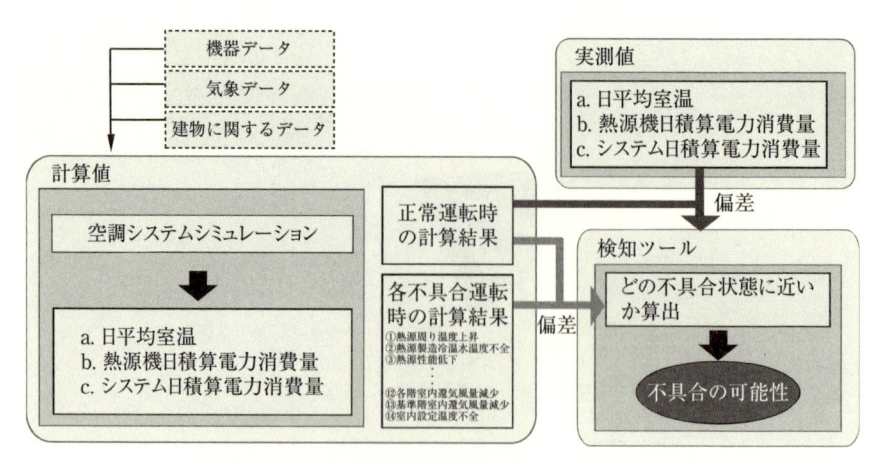

第❶章 建築設備の省エネルギー診断

図-1.4.8　不具合検知・診断ツールの概念図

れぞれ求める。現在下記14項目の不具合について計算できるようにしている。

① 熱源周り温度上昇：熱源周りが高温になりその空気が熱源機器に吸い込まれる不具合。システム効率低下の原因となる。
② 熱源製造冷温水温度不全：制御に絡む問題や管理者のミスなどにより設定した温度以外の冷温水を製造する不具合。
③ 熱源性能低下：熱源機器の性能が低下する不具合。
④ 1次ポンプ性能低下：空調システムの冷温水1次ポンプの性能低下を想定した不具合。
⑤ 2次ポンプ性能低下：空調システムの冷温水2次ポンプの性能低下を想定した不具合。
⑥ バイパス流量減少：往還ヘッダーをつなぐバイパス流量が減少する不具合。
⑦ 空調機コイル汚れ：空調機コイルの熱交換効率が低下するのを想定した不具合。
⑧ 室内給気風量減少：室内への給気風量が減少するのを想定した不具合。
⑨ 給気ファン温度制御不全：季節ごとの給気ファン吹き出し温度が設定と異なる不具合。
⑩ 各階VAVダンパ固定：各階におけるVAVユニットダンパの開度調整ができない不具合。
⑪ 基準階VAVダンパ固定：⑩と同様の不具合で，基準階のみのVAVユ

ニットダンパの開度固定を想定する。
⑫ 各階室内還気風量減少：各階において室内の還気風量が減少する不具合。
⑬ 基準階室内還気風量減少：⑫と同様の不具合で，基準階のみの室内還気風量が減少することを想定する。
⑭ 室内設定温度不全：室内の温度設定が季節ごとに定められた通りになっていない不具合。

これらの不具合については，その度合い（例えば⑭室内設定温度不全では，室内設定温度を正常値26℃から24℃，22℃と変化させて計算する）に応じたシミュレーション結果と正常運転時の計算結果との偏差をとり，a. 空調時間帯の日平均室温，b. 熱源機器日積算電力消費量，c. システム日積算電力消費量を軸とする3次元空間にそれぞれの偏差を直接的にプロットする。プロットされた各点からの距離が当該不具合の存在を判断する材料になりうる（**図-1.4.9**）。

(2) 実験による不具合検知・診断ツールの効果検証

このツールを用いて実際に不具合の検知が可能か，対象実験施設において検証した。実験は2007年8月4日から15日に行い，② 熱源製造冷温水温度不全を3日間，⑨ 給気ファン温度制御不全を2日間，⑭ 室内設定温度不全を3日間実際に発生させ，ツールによる不具合検知を実施した。その結果，**表-1.4.5**に示すような実験値とシミュレーション値の偏差を得た。これを3次元空間にプロットし，不具

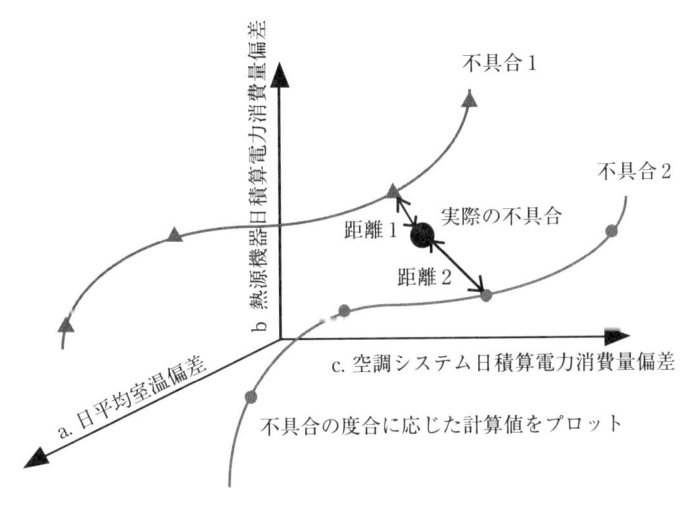

図-1.4.9　不具合検知の方法（概念図）

表-1.4.5 不具合実験におけるシミュレーション値との偏差

不具合項目	実験日	a. 空調時間帯の日平均室温の偏差 [℃]	b. 熱源機器日積算電力消費量の偏差 [kWh]	c. システム日積算電力消費量の偏差 [kWh]
⑭室内設定温度不全 (26→24℃)	8月4日	− 1.88	3.81	9.5
	8月5日	− 1.97	0.45	3.85
	8月6日	− 2.02	− 0.62	2.6
⑨給気ファン温度制御不全(16→19℃)	8月9日	1.07	0.81	4.49
	8月10日	1.28	− 2.24	− 0.62
②熱源製造冷温水温度不全(7→12℃)	8月13日	0.85	− 5.27	− 2.13
	8月14日	1.04	− 7.25	− 4.97
	8月15日	1.03	− 9.39	− 7.49

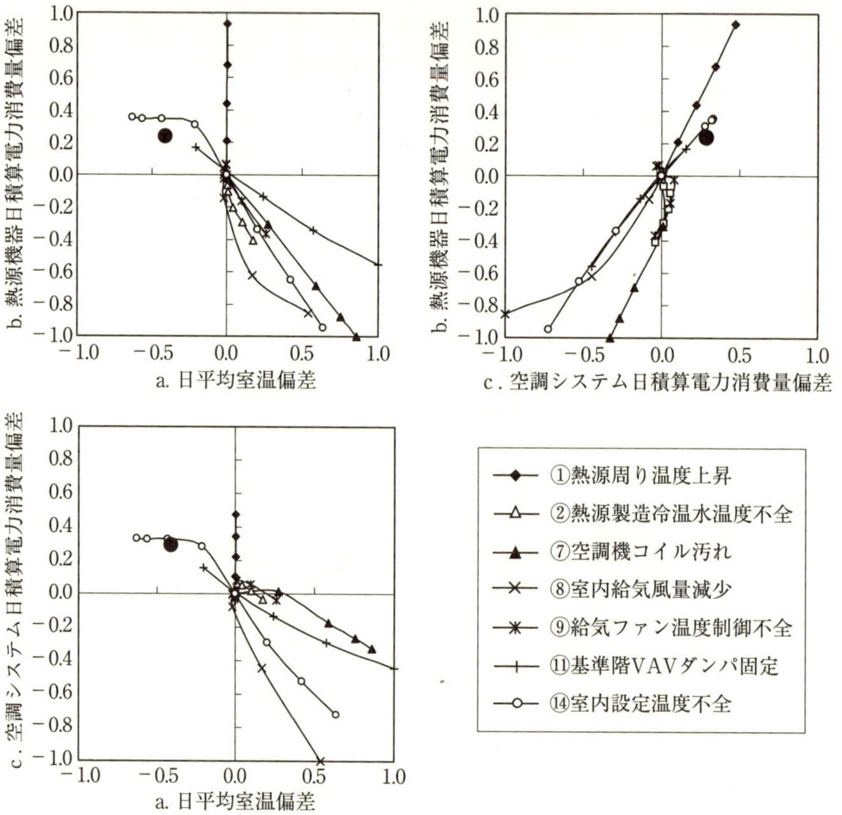

図-1.4.10 不具合検知・診断ツールの適用結果(8月4日)

合検知を行うが，3次元空間を図示するのは困難なため，ここでは**図-1.4.10**に示すように各偏差を軸とする3つの2次元図で表す。**図-1.4.10**は，実験結果を代表して，8月4日の外界気象データを使ってツールにより作成された計算結果をプロットしたものである。黒丸（●）は，⑭ 室内設定温度不全の不具合を実際に発生させたときの計算値と実測値の偏差を表している。⑭ 室内設定温度不全（白丸：○）の線が，黒丸（●）の最も近くにあることが確認できる。なお，不具合実験値から不具合の度合いに応じたシミュレーション結果のプロット群までの距離を算出するために，それぞれの軸は，正常値を原点とする無次元化処理が行われている。**表-1.4.6**にツールの検証結果を示す。**表-1.4.6**は可能性の高い上位3つの不具合項目を示している。3ケース延べ8回不具合を発生させ，うち7回は最も可能性が高い不具合として発生させた不具合が検知された。残りの1回も2番目に可能性が高い不具合として検知することができ，手法の有効性を確認できた。

　こうしたツールが実システムに導入できれば，不具合を迅速に発見し，エネルギーの浪費を防ぐことができるようになる。数多くの不具合を抱える空調システムの省エネルギー実現に欠かせないツールである。

表-1.4.6　不具合実験における検証結果

実験項目	実験日	可能性の高い不具合の番号（偏差までの距離）		
		1位	2位	3位
⑭ 室内設定温度不全 (26→24℃)	8月4日	⑭ (0.12)	⑭ (0.19)	⑭ (0.21)
	8月5日	⑭ (0.11)	⑭ (0.15)	⑭ (0.17)
	8月6日	⑭ (0.10)	⑭ (0.09)	⑭ (0.11)
⑨ 給気ファン温度制御不全(16→19℃)	8月9日	⑨ (0.03)	② (0.06)	⑦ (0.07)
	8月10日	⑨ (0.12)	⑭ (0.20)	⑪ (0.22)
② 熱源製造冷温水温度不全(7→12℃)	8月13日	⑨ (0.04)	② (0.08)	② (0.12)
	8月14日	② (0.05)	② (0.07)	⑨ (0.09)
	8月15日	② (0.14)	② (0.17)	② (0.25)

注）　網掛けは正しく検知された部分

1.4.3 空調システム運用の最適化

　空調システムの省エネルギーを実現するためには，「建物計画による空調負荷の削減」，「適切な空調システムの採用と設計」に加えて，「空調システムの適切な

運用」が不可欠である。しかしながら，これまでは「建物計画による空調負荷の削減」，「適切な空調システムの採用と設計」に重点が置かれ，「空調システムの適切な運用」に関しては室温湿度や機器の運転状況の確認といった初歩的な日常業務に留まり，消極的な運用しかなされてこなかった。これを解決する方法として空調システム運用の最適化が位置付けられる。

　空調システムを長期にわたって使用していくと，設計時には想定していなかった建物用途の変更や機器の増減による内部発熱の大幅な変化，機器の劣化等が発生する。しかしながらその際に，状況に応じた設定変更が実施されることは稀であり，多くの場合，設定不全を抱えたまま運転が継続されることとなる。空調システム運用の最適化は，通常の空調システムにおいて固定的に扱われている設定値（例えば，予冷・予熱運転の開始時刻，室温設定，熱源機器の出口温度，給気温度など）を日々変化する状況に応じて最適な設定にすることによって「空調システムの適切な運用」の実現を目指すものである。

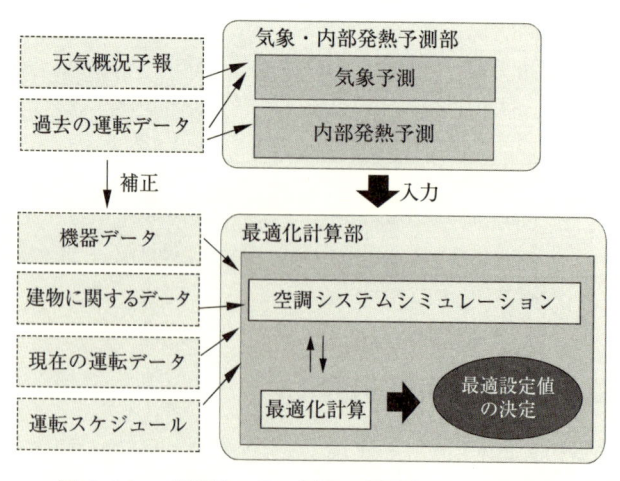

（1）空調システム運用の最適化ツールの概要

　最適化ツールの概要を図-1.4.11に示す。気象や内部発熱の予測値を入力とし，空調システムシミュレーションに基づいて，給気温度設定値や熱源出口水温設定値といった各種の制御設定値の最適値を算出するものである。最適化は予測に基づき最適な設定値を決めるため，予測の誤差が大きくなれば実際の状況にそぐわ

図-1.4.11　空調システム運用の最適化ツールの概要

ない設定値を最適な設定値として出力してしまう。その結果，通常の運用に比べてエネルギー消費量が増大したり，制御状態が悪化したりする恐れもある。そこで本ツールには，予測誤差を考慮した新たな最適化手法を開発し，採用している。過去一定期間における予測誤差の出現頻度に応じて，予測値に予測誤差を加減した数種類の負荷に対する最適化計算結果を重み付けして評価するものである。このため，より確実性が高いと考えられる設定値を算出できる。

式(1.1)に運転評価式を示す。運転評価式は電力消費量に室温の制御状態が悪い場合のペナルティを加えたものとなっており，運転評価式によって算出される評価値が最小となる設定値の組み合わせを最適化計算では探索する。そのため，電力消費量が小さく，室温の制御状態も良い設定値の組み合わせが算出されるようになっている。

$$V = E_{ac} + P_r \tag{1.1}$$

ここで，V：評価値(kWh)

E_{ac}：日積算電力消費量(kWh)

P_r：室温によるペナルティ(kWh)(室温によるペナルティは室温が設定温度±0.5℃の範囲から外れた場合に発生する)。

(2) シミュレーションによる最適化効果の検討

小規模の実験施設を対象にしたシミュレーションにより検討を行った。最適化した設定値は室内への送風温度，熱源機器による冷温水の製造温度，冷温水の送水圧力の3項目である。最適化を行う場合，当日深夜0時までの気象データ・運転データが分かっているものとし，それ以降の時刻の気象データ，内部発熱データを予測して，その日一日の設定値をどうするべきかをツールにより算出する。以下に検討ケースを示す。

ケースＡ：通常運転

最適化を行わず設定値には通常の設定値を使用するケース。

ケースＢ：予測誤差なしの最適化

負荷予測の誤差がないと仮定し，実際の負荷を入力として最適化計算を行うケース。予測にまったく誤差がないことは実際にはありえないが，本ケースにより予測を完全に行えた場合の理想的な最適化効果を知ることができる。

ケースＣ：誤差を考慮しない最適化

予測に含まれる誤差についてはとくに考慮せず，気象予測，内部発熱予測結果

が正しいものと考えて，それを基に最適化計算を行うケース。実際には誤差が含まれるので，最適化の効果が低下することが予想される。

ケースD：誤差を考慮した最適化

予測誤差を考慮した最適化手法を用いるケース。ケースCと同様に予測負荷により最適化計算を行う。ただし，過去2週間の誤差分布を算出し，予測負荷には過去2週間に出現した誤差と同程度の誤差が含まれると考え補正した数点の負荷に対して，それぞれ最適化計算を実施し，評価値を出現頻度で加重平均することによって設定値を決定する。

計算結果として各ケースにおける評価値を図-1.4.12に示した。最も評価値がよい（小さい）のはケースBであるが，実際には有り得ないケースである。10月において，予測誤差を考慮しないケースCはケースAよりも評価値が約20％悪化し，最適化することで逆効果となった。一方，予測誤差を考慮するケースDではケースAに比べて25％評価値が向上している。予測誤差を考慮することで，より安定して最適化効果が得られていることがわかる。また，対象システムでは最適化によって電力消費量よりも室温の制御状態が変化しやすく，最適化効果および予測誤差を考慮することによる効果は，電力消費量よりもペナルティに関して大きい。ケースAに対するケースDの省エネルギー効果は，2月が15％，8

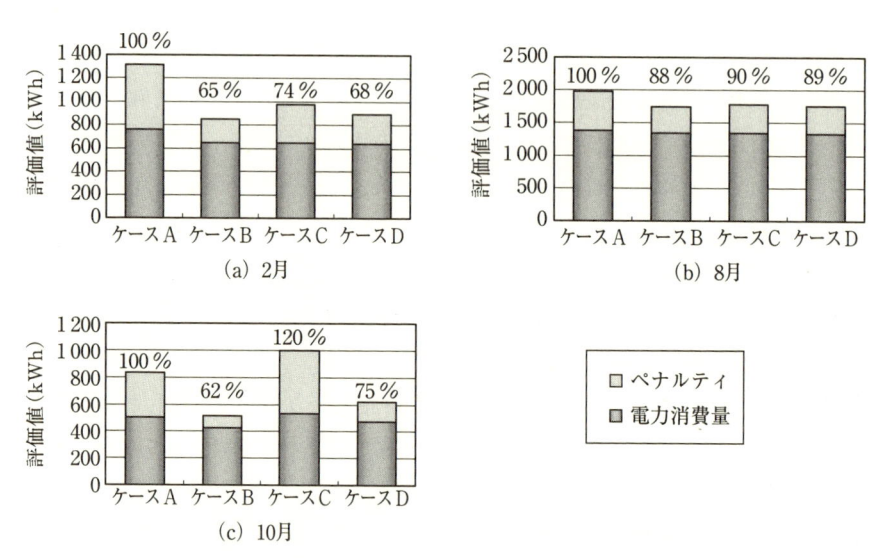

図-1.4.12 最適化ツールの効果（シミュレーション結果）

月は3％，10月は6％となっている。

(3) 実験による最適化効果の検討

シミュレーションの対象とした小規模実験施設において2007年2月19日に通常運転を，2月20日に予測誤差を考慮した最適化ツールを導入して最適化運転を行い，両者の運転結果を比較する実験を行った。**図-1.4.13**に実験時の外界気象を示す。2月20日の方が2月19日に比べて一日の平均気温が0.5℃高く，日積算全天日射量が14％多いが，ほぼ同等の気象条件といえる。実験結果として，**図-1.4.14**に評価値を示す。最適化運転は，通常運転に対してペナルティが若干増加しているが，日積算電力消費量は25.4％の削減となり，大きな省エネルギー効果を確認できた。実験期間が短いため，最適化ツール導入による効果を十分に把握したとはいい難いが，ツールによって省エネルギーを実現できることが示された。

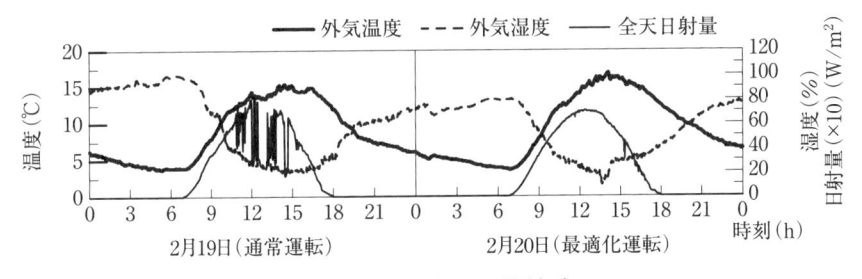

図-1.4.13 実験日の外界気象

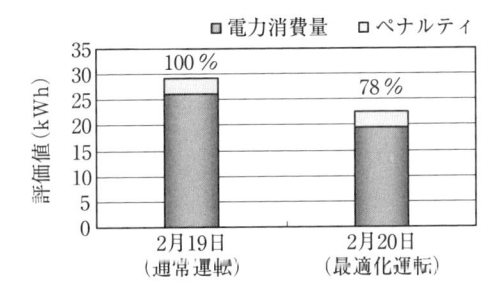

図-1.4.14 最適化ツールの効果（実験結果）

参考文献
1) 空気調和・衛生工学会 編：図解 空調・給排水の大百科，オーム社，1998
2) 環境省：環境白書平成18年度版，2006

3) 日本建築学会環境工学委員会:京都議定書の後に来るもの－エネルギー問題と建築環境工学の接点から－, 日本建築学会大会(九州)環境工学部門研究協議会資料, 2007
4) 環境省:京都議定書目標達成計画(平成17年), 2005
5) 地球環境戦略研究機関 編:持続可能なアジア 2005年以降の展望－革新的政策を目指して－, 技報堂出版, 2006
6) 総務省統計局:平成16年全国消費実態調査, 2004
7) 建築環境・省エネルギー機構:IBEC, No.154, Vol.27-1, 2006
8) 中村洋, 渡辺俊行 編:新建築学シリーズ 建築設備計画, 朝倉書店, 1998
9) 空気調和・衛生工学会:機器性能要求に関わるシミュレーション, データ分析および評価指標の提案と普及拡大に関する調査研究報告書, 2006
10) 空気調和・衛生工学会:建築設備の性能検証過程指針, SHASE-G 0006-2004, 2005
11) 空気調和・衛生工学会:特集 日本でコミッショニングが定着するには何が必要か？, 空気調和・衛生工学, Vol.77, No.7, pp.3-78, 2003
12) Ronald J. Wilkinson:Establishing Commissioning Fees, ASHRAE Journal, 2000
13) Tudi Haasl, et al.:California Commissioning Market Characterization, Proceedings of 9th National Conference of Building Commissioning, 2001
14) 小松正桂, 高草木明:中規模事務所ビルにおける不具合発生と建物管理者による対応の実態に関する調査研究, 日本建築学会計画系論文集, No.574, pp.161-168, 2003

第2章 建築材料の耐久性診断

2.1 はじめに

　構造物を構成する材料は，コンクリート，鋼材，木材，土，石材，セラミック，高分子材料など，多岐に渡る。このうち，コンクリートはセメント，細骨材，粗骨材，水，各種混和材料など，物理的性質や化学的性質の異なる材料で構成されており，コンクリートの性質は構成材料の組み合わせにより多種多様である。しかも，鉄筋コンクリートやプレストレストコンクリート構造では，力学的性質の異なる鉄筋，PC鋼材との合成構造となっている。土圧，水圧，活荷重等の物理的な外力の作用や，気象，海象等の自然条件等の外的要因，化学反応等の内的要因が作用すると，コンクリート構造物の持つ不均一性や，それぞれの材料の弱点に起因するさまざまな変状や劣化が表面化してくる。

　したがって，コンクリート構造物の耐久性診断を行うためには，さまざまな調査方法の中から適切な項目を選定し，それらの調査結果を基に総合的な判断を行うことが求められる。本章では，土木構造物・建築構造物を構成する材料のうち，コンクリートに主眼を置き，耐久性診断方法の現状，問題点，将来に向けての課題について述べる。

　コンクリートは本来，適切に材料を選定し，適切に配合設計を行い，適切な施工を行えば，高い耐久性を有するものである。また，そのようなコンクリートを用いて建設されたコンクリート構造物も高い耐久性が期待できる。

　しかし，設計当初にはメカニズムが十分解明されていなかった劣化が生じたり，工期やコストの制約から入念な施工が行われなかったために初期欠陥が生じ，要求された性能を満足しないコンクリート構造物が存在することも事実である。特に我が国では，高度経済成長期に膨大な量の構造物が建設され，飛躍的な経済成長を達成したが，この時期に建設された構造物群が近年，耐久性不足で大

きな問題となっている。また，近年の建設投資額の減少により，工事の発注量や受注量が減少していることから，低価格入札や手抜き工事が増加しており，問題となりつつある。

加えて，材料学的な観点から見ると，構造物の設計においては強度が重要視され，また，早期に強度が発現するコンクリートが求められることが多く，セメントの粉末度は従来に比べて増大している。このような中において，所要の強度を得るための水セメント比は大きくなり，結果的に，コンクリート中の粉体量が不足し，材料分離やジャンカなどの初期欠陥が生じやすくなっている。

その一方で，耐久性確保などの観点から，国土交通省発注のコンクリート土木構造物では水セメント比を55％以下とするよう通達[1]が出されている（鉄筋コンクリートの場合）。部材厚さや体積の大きいマスコンクリートでは水和熱による温度ひび割れが生じ，耐久性向上のための対策がかえって劣化を助長するようなケースも出てきている。

20世紀は，市民生活の豊かさを向上させるため，次々と構造物を造り続けてきた。また，劣化・損傷などにより構造物の機能が得られなくなるような「物理的寿命」に達する前に，社会・経済活動の変化などにより構造物の機能が当初と異なるような「機能的寿命」に達することが多く，結果として，スクラップ・アンド・ビルドが繰り返されてきた。しかし，セメント製造や骨材採取に伴う環境負荷は大きく，地球温暖化をはじめとする地球環境問題が深刻化する中，耐久性に富む構造物を構築すること，さらには，構造物の機能を存続させることにより，環境負荷の最小化を図ることが急務となっている。

さらに，環境保護の観点から，近年，天然骨材の採取規制が拡大しつつあり，良質の骨材が減少している。コンクリートの容積の約7〜8割を占める骨材の安定供給は，重要な課題となっている。副産物の有効利用を目的にさまざまな材料が，骨材やセメントの代替材料として用いられており，例えば，コンクリート廃材から製造した再生骨材[2)-4)]や都市ごみ溶融スラグ[5]，エコセメント[6]など，一部は規格化が進められている。これらを実構造物に適用する場合にも，耐久性に関する問題は切り離せないのが現状である。

「耐久性」とは，一般に「劣化に対する抵抗性」と定義される。コンクリート構造物の代表的な劣化メカニズムとしては，中性化，塩害，凍害，アルカリ骨材反応，化学的侵食，疲労，火害などを挙げることができる。本章では，耐久性診断

についての基本的考え方について示すとともに，劣化機構のうち，中性化，塩害，アルカリ骨材反応および化学的侵食（硫酸塩劣化）を取り上げ，劣化診断方法の現状と問題点およびコンクリート構造物の劣化診断における将来に向けての課題について述べる．なお，個別の調査手法の詳細，補修・補強工法については，他書（例えば，文献7）－10））に詳しく示されているので，そちらを参照していただきたい．

2.2 耐久性診断の基本

2.2.1 維持管理および診断の基本的考え方

コンクリートは，構造物の主要材料として用いられており，その用途は**表-2.2.1**に示すようにさまざまである．我が国では，コンクリート構造物は大きく土木構造物と建築構造物に分類され，いずれも基本的な社会資本として国民生活や社会経済活動を支えていることには変わりないが，構造物の設計コードの観点からは下記のような相違点がある．

表-2.2.1 コンクリート構造物の用途[11]

構造物の種類		用途
建築構造物		住宅，商業施設，レジャー・スポーツ施設，教育・文化施設，医療・福祉施設，エネルギー施設，通信・放送施設，宗教施設，公共施設，その他
土木構造物	橋梁上・下部構造	道路・鉄道橋の床版，桁，主塔，橋脚，橋台，基礎，フーチングなど
	舗装	道路舗装，空港の滑走路・駐機スペースの舗装，広場や作業場の舗装など
	トンネル，地下構造物	道路・鉄道用トンネル，地下発電所，地下鉄トンネル，駅舎，地下街などの地下構造物
	水路，護岸，ダム	水路，河川護岸，砂防ダム，貯水，水利，電力用などの重力式ダムやアーチダムなど
	下水道，汚水処理施設	下水用水路トンネル，下水処理施設など
	湾岸構造物	港湾岸壁，防波・防潮堤，消波堤など
	擁壁，のり面保護材料	道路擁壁，切土，盛土用擁壁，のり面保護など
	タンク，容器，発電施設	大型LNGタンク，貯水タンク，原子力発電所，サイロなど

建築構造物の設計体系を，**図-2.2.1** に示す。建築物の性能は，建築基準法により規定されている。構造物の性能は，柱，梁，床，シェルなどの構造部材の総計として論じることがほぼ可能であり，構造物の機能・役割が変化しても，構成部材に要求される性能や設計手法に大きな差はない。よって，特殊な建築物は除いて，設計コードは構造種類ごと（鉄筋コンクリート構造，鉄骨・鉄筋コンクリート構造，プレストレストコンクリート構造など）に定められている。

土木構造物に共通の設計コードとしては，土木学会制定のコンクリート標準示方書や各種の指針類があるが，これに加え，構造物の用途種別・機能・役割ごとに設計コードが定められている（**図-2.2.2**）。例えば，道路では道路橋示方書が，鉄道では鉄道構造物等設計標準などがある。さらに，構造物の管轄官庁から出された告示，省令などがある。

このように，建築構造物の設計手法は，建築基準法を中心として，建物の機

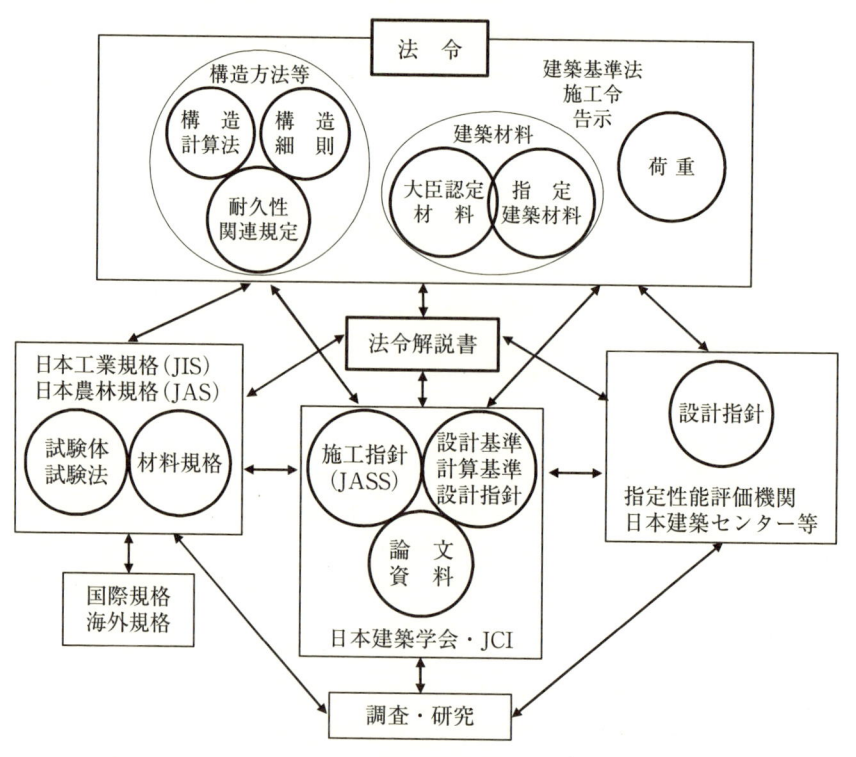

図-2.2.1　建築物の設計体系[11]

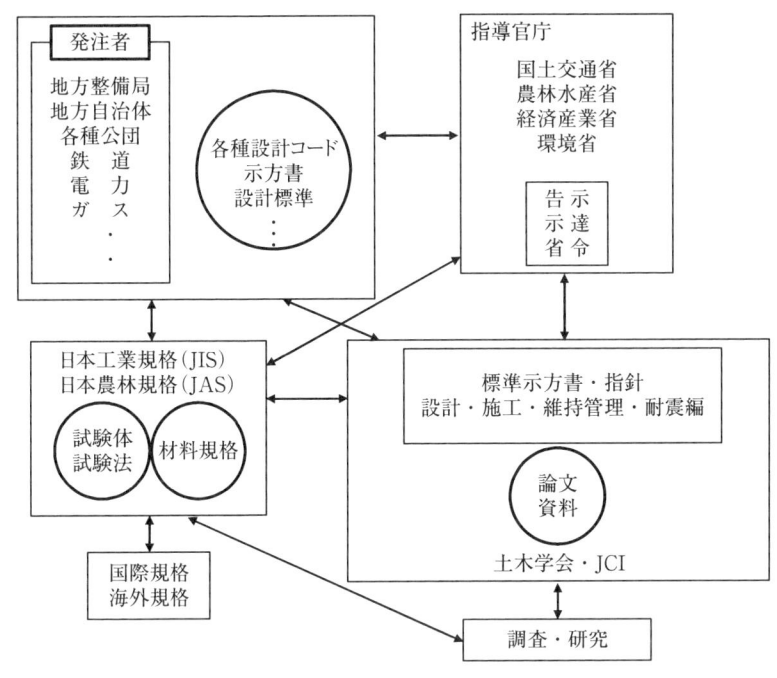

図-2.2.2　土木構造物の設計体系[11]

能・役割には依存せず，構造種別ごとに行われているのに対し，土木構造物の設計では構造物の発注者や用途種別ごとに設計コードが定められているという大きな違いがある。しかしながら，既存構造物あるいは新設構造物が完成した後における維持管理の枠組みは，土木，建築いずれも**図-2.2.3**に示されるフローで表されると考えられる。

　新設構造物では，初期点検として供用開始以前に構造物に関する情報を収集し，設計耐用期間までの劣化予測を行う。供用開始後には，日常点検や定期点検により劣化や損傷の有無や程度を把握し，点検結果を基に設計耐用期間までの劣化予測を行う。また，設計耐用期間終了時に要求性能を満足するかどうかの評価を行い，補修・補強などの対策が必要な場合には，適切な対策を講じる。

　構造物の社会的，経済的な重要度は構造物ごとに大きく異なる上，劣化予測，補修・補強の難易度も異なるため，画一的な維持管理の考え方を取り入れるのは妥当ではない。構造物の維持管理方法は，大きく2つに分けられる。すなわち，事後保全と予防保全である。

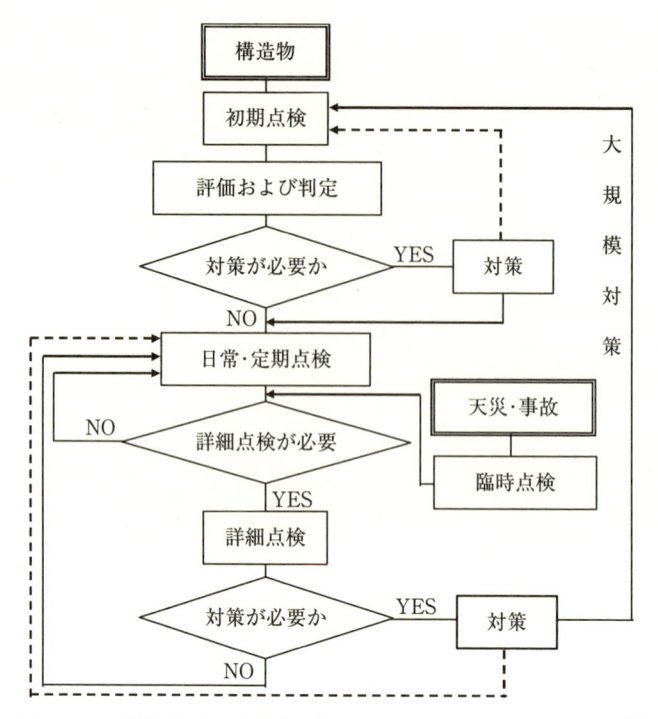

図-2.2.3 維持管理の手順（土木学会コンクリート標準示方書）[12]

事後保全とは，構造物あるいは部材に何らかの変状が生じていることを発見した後に対策を行う維持管理方法である。現状では，多くの構造物においてこの方法がとられている。例えば，塩害地区においてひび割れや錆汁が認められてから補修を行う方法である。

これに対して，予防保全とは，構造物に劣化を顕在化させることなく性能を満足させる維持管理方法である。具体的な方法の例としては，鉄筋の腐食やそれに伴うひび割れが発生する前の段階からフェノールフタレイン溶液を用いて中性化深さを調べる方法や，コンクリート中の塩化物イオン濃度を測定し塩化物イオンの浸透速度の将来予測を行う方法がある。また，近年では，中性化の進行を抑制するための表面被覆工法や塩害を防止するためのエポキシ樹脂塗装鉄筋[13]の使用や電気防食工法[14]，表面保護工法[15]の適用などが挙げられる。

土木学会コンクリート標準示方書[維持管理編][12]では，これらに加え，構造物の重要度および点検の難易度などを考慮し，目視観察のみによる点検を主体と

表-2.2.2　維持管理区分[12]

区分	説明	具体例
維持管理区分A （予防維持管理）	予防保全を基にした維持管理	①劣化が顕在化した後では，対策が困難なもの。 ②劣化が外へ表れては困るもの。 ③設計耐用期間が長いもの。
維持管理区分B （事後維持管理）	事後保全を基にした維持管理	①劣化が外に表れてからでも何とか対策がとれるもの。 ②劣化が外へ表れてもそれほど困らないもの。
維持管理区分C （観察維持管理）	目視観察を主体とした維持管理	①使用できるだけ使用すればよいもの。 ②第三者影響度に関する安全性を確保すればよいもの。
維持管理区分D （無点検維持管理）	点検を行わない維持管理	①直接には点検を行うのが非常に困難なもの。

し，補修・補強を行わない維持管理方法（観察維持管理）および直接的な点検を行わない維持管理方法（無点検維持管理）の2つを加え，**表-2.2.2**に示すような4つの維持管理の区分を設けている。

　土木構造物の場合，道路・鉄道構造物における橋梁・トンネル，上下水道施設における管きょ・処理施設などのように，さまざまな要素が群として連続することによりその機能が発揮されるためことが多く，その一部が欠けると多大な社会的・経済的損失が生じると予測される。よって，簡単には更新・再構築といった手段を取れないものが多い。このような場合には予防保全による維持管理を行った方がライフサイクルコスト（LCC）の観点から有利である。しかし，予防保全を行うためには，初期建設費用が増大するほか，モニタリング用のセンサなどを用いた場合にはコストが増大するため，まだ多くの課題を有している。

2.2.2 耐用期間に関する考え方

　構造物の診断を行う際，アウトプットの1つとして，しばしば求められるのが，「この構造物（あるいは部材）の寿命は，あと何年か」ということである。

　構造物のライフサイクル評価を行う上で寿命や耐用期間は重要であるが，それらに関する考え方は，十分整理されているとはいい難い。「寿命」と「耐用期間」とは，同類語と考えられるが，「寿命」の方が広義として用いられているようである。

　「寿命」は大きく，「物理的寿命」，「機能的寿命」，「経済的寿命」に分けられる。「物理的寿命」とは，時間の経過に伴う劣化や自然災害，事故による損状などが原因で対象物が十分な機能を発揮できなくなるまでの期間である。「機能的寿命」と

は，技術の進歩による新製品の出現，設計荷重や幅，高さ等の不足，法令・制度の改正による社会生活の変化などが原因で対象物が使えなくなるまでの期間である。「経済的寿命」とは，維持管理費用の増大などが原因で対象物が使えなくなるまでの期間である。

一方，「耐用期間」は「構造物または部材の性能が低下することにより，必要とされる機能を果たせなくなり，供用できなくなるまでの期間」と定義される[12]。よって，「耐用期間」は上記の「寿命」の分類うち，「物理的寿命」に相当するもの考えるのが妥当であろう。

新設構造物を設計する場合，まず，予定供用期間(構造物を供用したい期間)を設定し，それをもとに設計供用期間(構造物または部材が，その要求性能あるいは機能を満足しなければならいと規定した期間)を定める。設計耐用期間を予定供用期間よりも長くする設計(図-2.2.4)が一般的といえる。

また，設計当初の段階から，予定供用期間内に補修・補強を行い性能の回復を見込む場合もあり，この場合には予定供用期間よりも設計耐用期間の方が短くなる(図-2.2.5)。

既存構造物の耐用期間については，次のように考えることができる。あらかじめ設計耐用期間が定められている場合には，残りの期間(残存耐用期間)において要求性能を満足するように，必要ならば補修・補強を行う(図-2.2.6)。また，補修・補強を複数回行う場合もある。

予定供用期間が定められていない場合あるいは当初の設計耐用期間を変更(も

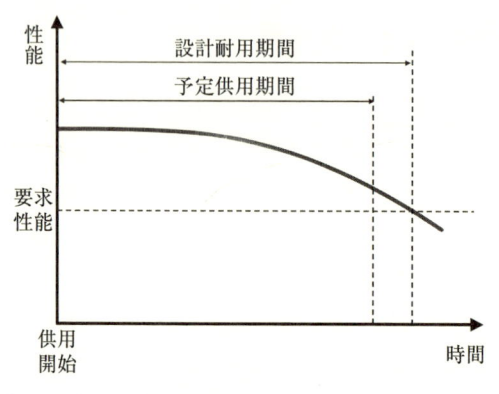

図-2.2.4 耐用期間の考え方(新設構造物，設計耐用期間＞予定供用期間の場合)

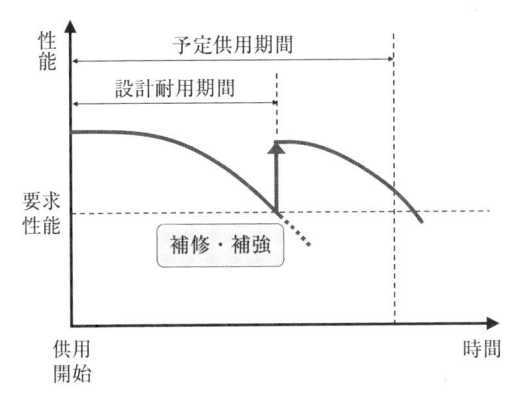

図-2.2.5 耐用期間の考え方（新設構造物，設計耐用期間＜予定供用期間の場合）

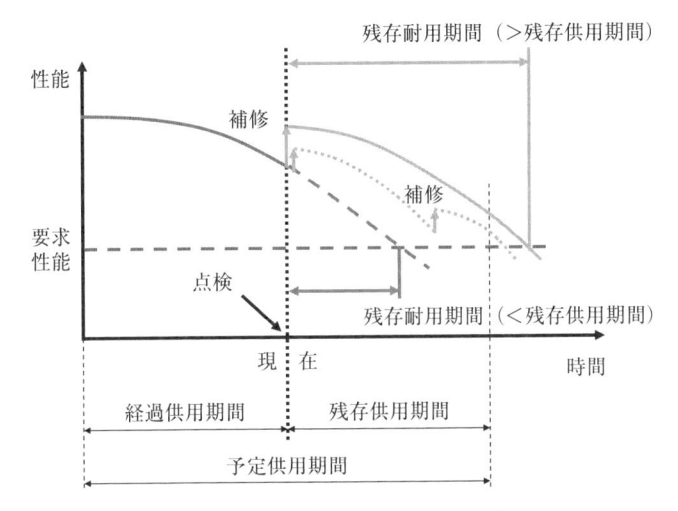

図-2.2.6 耐用年数の考え方（既存構造物）

う少し長持ちさせたい等）するには，現時点からの予定供用期間，設計耐用期間を設定し直す必要がある。

なお，上記の「寿命」および「耐用期間」とは別に，「法定耐用年数」がある。「法定耐用年数」のうち，鉄筋コンクリート造および鉄骨鉄筋コンクリート造のものを例として表-2.2.3に示す。この「法定耐用年数」は，財務省令（旧 大蔵省令）に基づき減価償却費を算定するために用いられた年数であり，実際の物理的寿命を必ずしも表していない。

表-2.2.3 法定耐用年数の例（鉄筋コンクリート造・鉄骨鉄筋コンクリート造）

種類	法定耐用年数
水道用ダム	80年
トンネル	75年
橋	60年
岸壁, 桟橋, 堤防, 防波堤, 塔, やぐら, 上水道, 水槽, 用水用ダム	50年
乾ドック	45年
サイロ, 下水道, 煙突, 焼却炉	35年
高架道路, 沈殿池, 飼育場	30年

2.2.3 診断の目的

　コンクリート構造物の診断の目的は，コンクリート構造物が要求されている性能を有しているか，また，今後の供用期間中，その性能を維持することが可能か，を確認することである。具体的には，構造物の調査により損傷状況・劣化状況を把握し，適切な劣化モデルを用いる等の方法により劣化予測を行い，補修・補強の要否を判断することである。

　これは，図-2.2.7の維持管理フローのうち，点検・劣化予測・評価に渡る行為を総合したものと考えることができる。

　まず，初期点検(新設構造物の場合，供用開始以前に行う点検。既設構造物の場合，最初に行う点検)を行い，構造物に関する情報を収集し，維持管理区分(表-2.2.2)を決定する。供用中には，対象とする構造物の維持管理区分に合わせ，適切な試験方法，頻度により点検を行う（点検の種類については，2.2.4項において後述する）。その点検結果を基に，点検時における構造物の状況把握および劣化予測を行い，補修・補強などの対策が必要か否か，判断を行う。

　対策が不要と判断された場合には，供用を継続し，必要な点検を定期的に行う。対策が必要と判断された場合には，維持管理区分，残存供用期間，今後の維持管理の容易さなどを考慮して，適切な対策を実施する。また，最終的な対策として解体・撤去することも考えられるが，その場合には，新設構造物の建設コストに加えて，解体・撤去に伴い発生する社会的損失(渋滞・迂回などに伴う燃料費の増大)や廃棄物発生による環境負荷などについて考慮する必要がある。

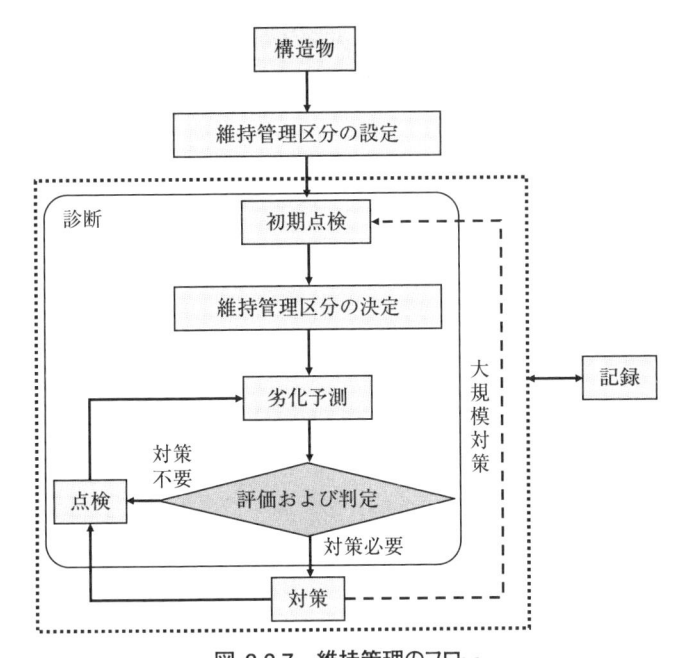

図-2.2.7 維持管理のフロー
（土木学会：2001年制定コンクリート標準示方書［維持管理編］に加筆）

2.2.4 点　検

　点検は，行う時期，目的，頻度により初期点検，日常点検，定期点検，臨時点検に分類される。**表-2.2.4**に，土木学会コンクリート標準示方書［維持管理編］[12]に示される点検を整理したものを示す。

　初期点検は，新設構造物の場合には供用開始以前に，既設構造物の場合には最初に行う点検である。初期点検では，目視や打音法による構造物の点検と，設計・施工に関する図書調査を行い，初期欠陥や損傷，劣化の有無の把握，劣化機構の推定および劣化予測を行う。

　日常点検は，日常（比較的短い実施間隔で）の巡回により行われる点検である。日常点検では，主に目視，写真，ビデオ，双眼鏡などによる目視点検および車上間隔による点検を行い，日常の巡回で点検が可能な箇所について，劣化，損傷，初期欠陥の有無や程度の把握を行う。

　定期点検は，数年に1回程度の頻度で構造物全体に渡って行う点検である。定

表-2.2.4 点検の分類

種類	時期・頻度	目的	点検部位	方法
初期点検	構造物の供用開始以前,供用中あるいは大規模対策後	初期欠陥,損傷,劣化の有無の把握,劣化機構の推定,劣化予測	構造物全体	・目視や打音法による構造物の調査 ・設計,施工に関する図書調査
日常点検	適切に定める	劣化,損傷,初期欠陥の有無や程度の把握	適切に定める	・目視,写真,ビデオ等による目視点検 ・車上間隔による点検
定期点検	適切に定める(1回/数年) 既往の実績(定期点検の間隔)港湾構造物3～10年,プラント構造物5～10年,道路橋5～7年,鉄道2年	劣化,損傷,初期欠陥の有無や程度の把握	・日常点検による点検部位 ・日常点検で把握しがたい構造物の細部	・目視点検,打音法を主とする。 ・必要に応じて非破壊検査やコア採取などを組み合わせる。
詳細点検	初期・日常・定期・臨時の各点検で必要と判断された場合	構造物の状態や劣化の状況の詳細な把握	詳細なデータが必要な部位	目的に合致するものを適切に選定する。
臨時点検	天災,火災および車両,船舶の衝突などが作用した場合。作用が収まった後,早急に行う	構造物の状況の把握,対策の要否の判定	損傷を受ける可能性を有する部位・部材	目視,打音法を原則とする。

期点検では,目視点検や打音法による点検を主とし,必要に応じて非破壊検査やコア採取などを組み合わせて行い,日常点検による点検部位に日常点検では把握しがたい細部も含めて,劣化,損傷,初期欠陥の有無や程度の把握を行う。

臨時点検は,地震や台風などの天災,火災,および車両,船舶の衝突などが構造物に作用した場合に実施する。臨時点検では,主に目視や打音法による点検とし,災害や事故などが作用した後の構造物の状況を把握する。

詳細点検は,初期点検,日常点検,定期点検および臨時点検で必要と判断された場合に行う。詳細点検は,詳細なデータが必要な部位に対して,劣化機構やその進行程度を明確にするために適切な調査項目および方法を選択して実施する。

2.2.5 劣化予測

劣化予測を行うためには,中性化,塩害,凍害といった劣化機構を明らかにす

る必要がある。新設構造物の場合には，供用開始前に行った初期点検の結果を踏まえ，設計，使用材料，施工状況などの記録と構造物の環境条件や使用条件を検討し，劣化機構を推定する。既設構造物の場合は，初期点検の結果を踏まえ，構造物の環境条件，使用条件，変状の特徴を考慮して劣化機構を推定する。

実際の構造物については，中性化と塩害，塩害とアルカリ骨材反応，塩害と凍害など，複数の劣化機構によって劣化が生じる複合劣化も存在する。複合劣化は，次のような3つに分類される[16]。

① 独立的複合劣化：劣化作用は同時に生じるが，劣化作用間に相乗効果は生じず，劣化症状の進行速度も単独劣化の場合と同程度である場合。

② 相乗的複合劣化：劣化過程または劣化症状の進行速度が単独劣化の場合よりも加速される場合。

③ 因果的複合劣化：一方の劣化が他方の劣化を実効的するような場合。または一方の劣化が現れた結果として他方の劣化を促進してしまうような場合。

上記のうち，① 独立的複合劣化の場合には，それぞれの劣化予測の重ね合わせによりほぼ劣化予測できるものと考えられる。しかし，② 相乗的複合劣化，③ 因果的複合劣化の場合には留意が求められる。構造物の調査の段階で複合劣化であることを認識できないと，講じた対策の効果が十分発揮されなかったり，かえって逆効果になる可能性もある。

2.2.6 劣化予測に基づく評価

点検および劣化予測の結果に基づき，点検時および予定供用期間終了時において，構造物の性能が要求性能を満足するかどうか，評価を行う。評価の結果に基づき，補修・補強などの対策の要否について判定を行う。これらの評価および判定は，機器などを使用した詳細点検の後に行うだけではなく，目視を主体とした日常点検および定期点検を行った後にも行う。

2.2.7 予防保全のためのモニタリング

近年の電子計測技術の発展，コンピュータ処理速度の向上により，各種のモニタリング手法が提案されている。例えば，光ファイバーを用いたひずみやたわみの測定，加速度計などを用いた振動の測定などがある。また，非接触な方法での各種測定技術も提案されている[7]。

これらの方法により測定される変位や振動の測定結果あるいは推定結果は，使用性能や安全性能について検討する上で非常に重要なデータであるといえる。しかし，耐久性診断を行う上で必要となるデータ，例えば，中性化深さや塩分浸透深さ，凍害深さなどを常時モニタリングする手法やシステムは実用化された事例はほとんど無い。

2.3 耐久性診断の現状と問題点

　劣化診断は，点検，劣化予測，評価の一連の流れとして考えることができる。点検には，日常の巡回により損傷・劣化の有無を把握するための日常点検から，劣化の状況を詳細に把握するために実施される詳細点検まで含まれ，点検の中で行われる調査項目は，多種多様に渡る。また，近年の電子計測技術およびコンピュータ解析技術の発達により，新しい調査方法の提案が行われるとともに測定精度の向上が図られている。しかし，さまざまな環境条件の下に存在する実構造物では，測定結果のばらつきや測定が大きくなる場合が見られる。

　また，劣化予測を行う場合には，実験室における促進試験結果と実構造物から得られた測定結果とを比較することで，その構造物が劣化進行モデルのどの段階にあるかを把握することが多い。この場合，室内試験の結果と実際の劣化段階とのリンクが非常に重要となるが，その検討は難しく，十分なデータの蓄積ができていない状態である。

　さらに，点検結果および劣化予測を基に，補修・補強の必要性の有無，余寿命，劣化が安全性（耐荷性能など）に及ぼす影響などについて評価が行われる。しかし，再劣化に関する検討が不十分であったり，材料劣化が必ずしも耐荷性能に著しい影響を及ぼさない場合があるなど，評価にあたっての問題は少なくない。

　本節では，コンクリート構造物の劣化現象のうち，中性化，塩害およびアルカリシリカ反応，化学的侵食について取り上げ，診断方法の現状および問題点，診断方法の確立に向けての新しい取り組みについて述べる。

　コンクリートの耐久性および診断に関する研究は，非常に膨大であり，多岐に渡るが，本節で取り上げる内容は限定的であること，さらには，研究的な知見に基づく記述が多く，実用書の域には達していないことをお断りする。

2.3.1 中性化

(1) 中性化とは

中性化は，大気中の二酸化炭素がコンクリート内に侵入し，水酸化カルシウム $Ca(OH)_2$ などのセメント水和物と反応し，コンクリート中の細孔溶液のpHを低下させる現象である。コンクリート中の鋼材の表面は，緻密な酸化物層である不動態皮膜に覆われており，非常に腐食しにくい状態となっているが，鉄筋付近のpHが低下すると不動態皮膜が破壊され，腐食が生じ，ひび割れ，かぶりコンクリートの剥落が生じる。

中性化による損傷状況を**図-2.3.1**に示す。鉄筋付近のかぶりコンクリートが剥落し，腐食した鉄筋が露出していることが分かる。かぶり不足などの原因により中性化の進行が早くなり，鉄筋の腐食が発生し，かぶりコンクリートが剥落したものと考えられる。

中性化の速度は，一般的に打設後からの経過時間の平方根に比例するといわれている。その比例定数は中性化速度係数と呼ばれ，「$mm/\sqrt{年}$」の単位が用いられる。また，比例定数は水セメント比，セメントの種類，環境条件（乾燥の程度，日射の影響など）に依存する。

なお，二酸化炭素のみならず，酸などによりコンクリート中のpHが低下することもあることから，二酸化炭素の侵入による中性化を特に，「炭酸化」と呼ぶことがあるが，本節では酸などによる中性化は取り扱わず，炭酸化を中性化と呼ぶこととする。

(a) 道路橋高欄の例　　(b) 道路橋地覆の例

図-2.3.1　中性化による劣化事例

(2) 中性化に関する診断方法

コンクリートの中性化については，実験データが豊富に存在し，中性化速度係数に関する算定式は，岸谷式[18]，魚本・高田式[19] など多数提案されている。

また，促進試験方法については，研究者により実験方法がさまざまであることから，近年，促進中性化試験方法がJISで規定されるに至っている[20]。

中性化深さを求める方法として，一般的にフェノールフタレインの1％エタノール溶液を噴霧する方法が用いられている。噴霧する対象には，かぶりコンクリートをはつり取った箇所や採取したコア，ドリルで採取した削孔粉があり，調査構造物の条件や他の調査項目により決定される。フェノールフタレイン溶液を噴霧し，赤紫色に着色しなかった部分を中性化深さとして求められる。

フェノールフタレインはpH = 8.2～10.0以下で無色となる[21] のに対し，鉄筋の腐食はpH = 11以下で開始する。すなわち，フェノールフタレインが赤紫色に発色しアルカリ性と判定されるにもかかわらず，pHは腐食発生の限界値まで低下している場合がある。

中性化深さが鋼材位置に到達する以前に鋼材腐食はすでに発生していることが，多くの研究および実構造物調査の結果から明らかにされている。特に，鉄筋のかぶり厚さから中性化を引いた残りの長さ（この深さのことを「中性化残り」と称す）が，10mm以下となっている事例では鋼材が腐食している確率が高くなっていると報告されている。また，コンクリート中に塩化物が含まれている場合は，中性化の進行によりセメント水和物中に固定化されていた塩化物イオンが解離し，未中性化領域に濃縮するために腐食の開始は早まり，腐食開始の際の中性化残りを20mm程度に大きく設定する必要が生じてくる[22]。さらに，塩化物イオンがコンクリート中に存在すると鋼材腐食速度も，一般に中性化のみによる腐食速度よりも大きくなる。これらのことより，土木学会コンクリート標準示方書では，中性化残りとして通常環境下では10mm，塩分環境下では25mmが設定されている[23]。

2.3.2 塩 害

(1) 塩害とは

我が国は周囲を海に取り囲まれており，また，海岸部に人口が集中する傾向にあることから，塩害に関する検討は重要であるといえる。塩害による劣化機構

は，以下の通りである。

コンクリートの高いアルカリ性によりコンクリート中の鋼材の表面は，緻密な酸化物層である不動態皮膜に覆われており，非常に腐食しにくい状態となっている。しかし，コンクリート中の塩化物イオン濃度が腐食の発生に必要な濃度に達すると，不動態皮膜が破壊され，腐食が開始する。

塩化物イオンの供給源としては，海水や凍結防止剤のように構造物の外部から供給される場合と，未洗浄の海砂などのようにコンクリート製造時に材料から供給される場合とがある。また，近年では冬期に散布される凍結防止剤による塩化物イオンの侵入により劣化する事例も報告されている。

コンクリート中の鋼材が腐食すると，腐食生成物の体積膨張のために鋼材周囲のコンクリートに引張応力が発生し，コンクリートにひび割れや剥離を生じる。ひび割れや剥離が生じると塩化物イオン，水および酸素の供給速度が増大し，腐食が加速的に進行する。最終的には鋼材の断面積の減少により，構造物の使用性能や安全性能が低下する場合もある。

塩害による劣化事例を図-2.3.2に示す。図中(a)は海岸付近に建つ建築構造物であり，腐食による錆汁が認められ，鉄筋の腐食がかなり進行しているものと考えられる。図(b)は桟橋式係船岸のRC上部工であるが，かぶりコンクリートが剥落し，腐食した鉄筋が露出している。このような段階になると，鉄筋断面積の減少が顕著となり，耐荷力の低下も考えられる。

塩害による劣化進行は，土木学会コンクリート標準示方書［維持管理編］では，図-2.3.3に示すように，潜伏期（鋼材の腐食が開始するまで），進展期（腐食開始

(a) 建築構造物の事例　　(b) 桟橋の事例

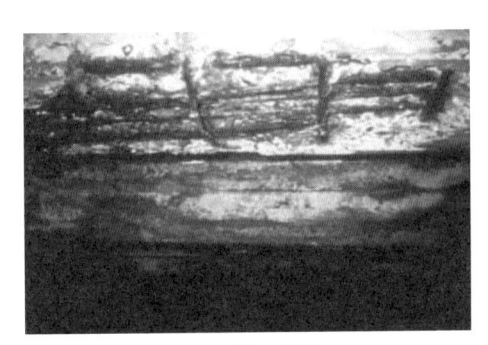

図-2.3.2　塩害による劣化事例

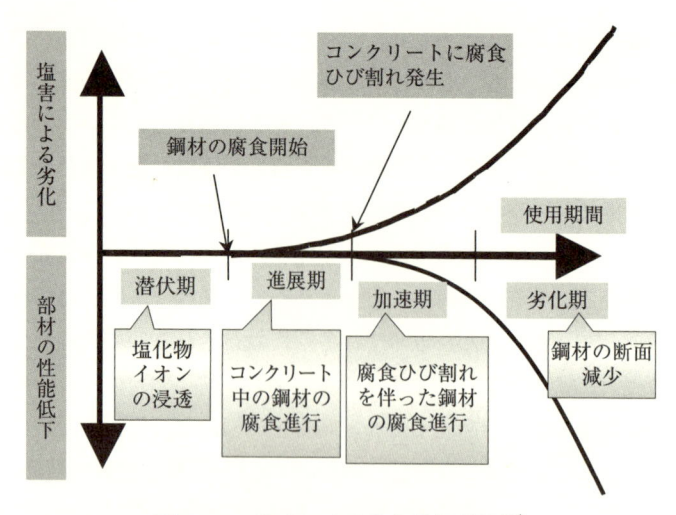

図-2.3.3 塩害による劣化進行過程[24]

から腐食ひび割れ発生まで），加速期（腐食ひび割れの影響で腐食速度が大幅に増大する期間），劣化期（鋼材の大幅な断面減少などにより耐荷力等の性能が大幅に低下する期間）の4つの期間に分類されている[24]。

(2) 塩害に関する既往の診断方法

塩害に関する劣化予測を行うためには，鋼材の腐食発生前には，コンクリート中の塩化物イオン濃度を調べる必要がある。また，腐食発生後には，腐食量や腐食速度を得ることが必要となる。

コンクリート中の塩化物イオン濃度を調べる方法として，重量法，モール法，クロム酸銀吸光光度法，電位差滴定法があり，現在では塩化物イオン選択性電極を用いた電位差滴定法が一般的に用いられている[25), 26]。この方法では，採取コアを表面からスライス状（一般に1cmごと）にカットし，粉砕後，全塩化物イオン量を求める場合には硝酸で，可溶性塩化物イオン量を求める場合には温水で溶解させ，硝酸銀溶液で電位差滴定する。得られた数点のデータにより塩化物イオンの拡散係数を求めることができる。

しかしこの方法では，1cm間隔のデータしか得られないため，精度は十分とはいい難く，また，高炉スラグ微粉末やフライアッシュといった混和材を用いたコンクリートや高強度コンクリートのように拡散係数が小さいコンクリートでは詳細な塩化物イオン濃度分布が得られないという問題点を有している。

鋼材の腐食に関する調査方法としては，自然電位法や分極抵抗法といった電気化学的方法が用いられてきた。前者は腐食の発生の有無を調べる方法として，後者は腐食速度を推定する方法として用いられている。

また，鋼材の腐食は，その表面に形成される不動態皮膜が破壊された後に生じる。この不動態皮膜が破壊される時期を推定することができれば，ライフサイクルコストの低減に寄与することができる。

(3) EPMAを用いた塩化物イオン浸透予測

電子線マイクロアナライザー（EPMA；Electron Probe Micro Analyzer）は，1〜100 μm 程度に収束させたプローブ状電子線を固体表面に照射し，物質から発

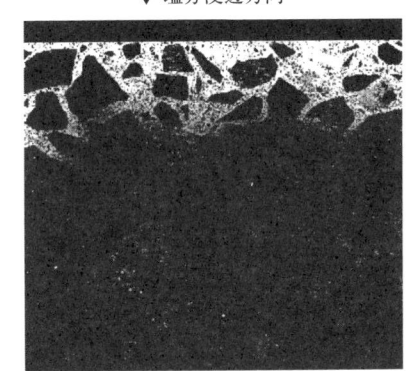

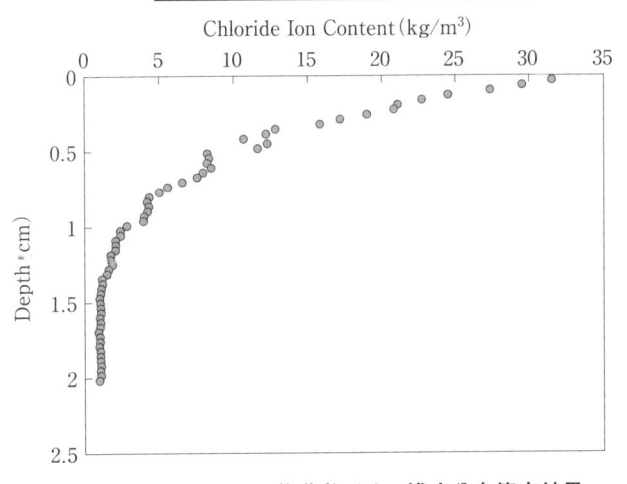

図-2.3.4　EPMAによる塩化物イオン濃度分布算定結果

生する特性X線を波長分散型X線分光器により検出することで，元素の種類と存在量を評価することができる装置である。特性X線の波長から元素の種類が判定可能であり，また，特定の波長の特性X線強度から元素の濃度を推定することが可能である。近年，装置の普及も徐々に進み，特殊な分析方法ではなくなってきている[27]。このEPMAを利用することにより，コンクリート中の塩化物イオン濃度を詳細に求めることができる。

図-2.3.4に，EPMAおよび電位差滴定法によって求められた塩化物イオン濃度分布の測定例を示す。図より，測定結果はコンクリート表面2cmの狭い範囲内であるにもかかわらず，EPMA法を用いることにより連続した曲線状の塩化物イオン濃度分布を得られることが分かる。従来の電位差滴定法では，この範囲内では2点の測点しか得られない(1cm間隔で求めた場合)ことからも，非常に詳細なデータが得られることが分かる。

したがって，本方法は実構造物から塩化物イオン濃度分布を求める際，有効な手法であると考えられる。とくに，拡散係数の小さいコンクリートやかぶり厚さの小さいプレキャスト部材の場合に有用であると考えられる。

なお，この方法については土木学会規準JSCE-G 574-2005「EPMA法によるコンクリート中の元素の面分析方法(案)」として規準化されている。また，骨材中は塩分は浸透しないため，塩化物イオン濃度分布を求めるにあたっては，骨材の補正が必要となるが，補正方法に関する詳細および検討結果については，文献28)を参考にされたい。

(4) 埋設型モニタリングセンサ

構造物の調査，とくに詳細調査を行うためには，構造物からコアなどの試料を採取する必要があり，実際に構造物のそばまでアクセスする必要がある。しかし，海上橋や地下構造物，高層構造物，山間部の構造物などのように容易にアクセスできない場合もある。また，自然電位法や分極抵抗法などの手法は，連続監視には不向きであり，予防保全という立場における手法であるとはいい難い。したがって，コンクリート構造物の劣化変状を長期的かつ連続的にモニタリングし，コンクリート中の鉄筋の腐食発生時期を正確に評価できる技術の開発は急務である。近年，コンクリート中での塩分浸透状況や鉄筋腐食をモニタリングするためのセンサの開発および一部では実用化が行われている。

a. 事例1：塩分浸透モニタリングセンサの鉄線破断条件に関する検討

図-2.3.5は，センサの一例を示したものである。このセンサは，セラミックス製の芯材に線状の金属箔を1cm間隔に巻き付けたものである。コンクリート打設時に型枠に取り付け，コンクリート内に埋設し，金属箔の電気抵抗値のモニタリングを行うものである。塩化物イオンが金属線の位置まで達すると，不動態皮膜が破壊され，金属箔の腐食が開始する。その後，金属箔の断面積が減少し，電気抵抗値が増加する。この電気抵抗値の変化をとらえることで，塩化物イオンの浸透速度を把握し，鉄筋の腐食開始時期を予測することができる。センサの設置およびモニタリングのイメージを図-2.3.6に示す。

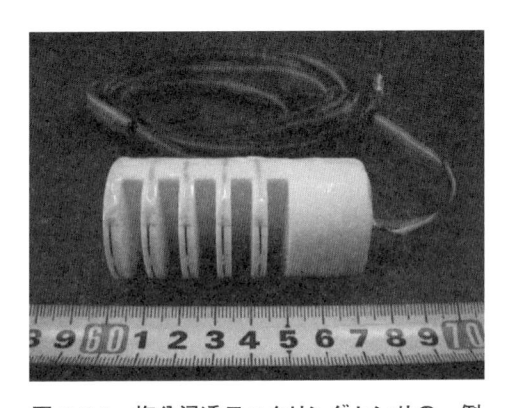

図-2.3.5　塩分浸透モニタリングセンサの一例

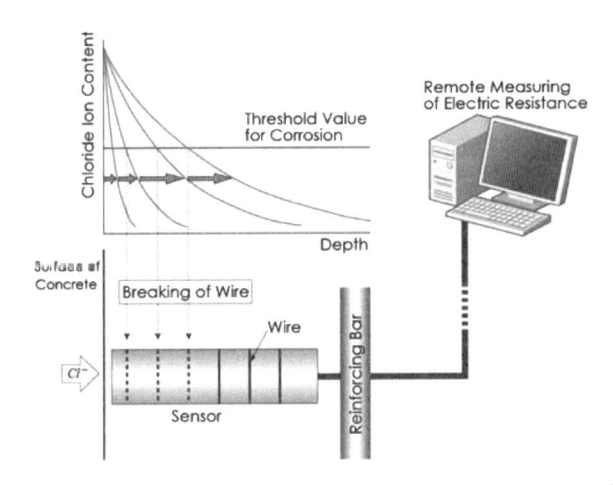

図-2.3.6　モニタリングセンサによる塩分浸透予測のイメージ

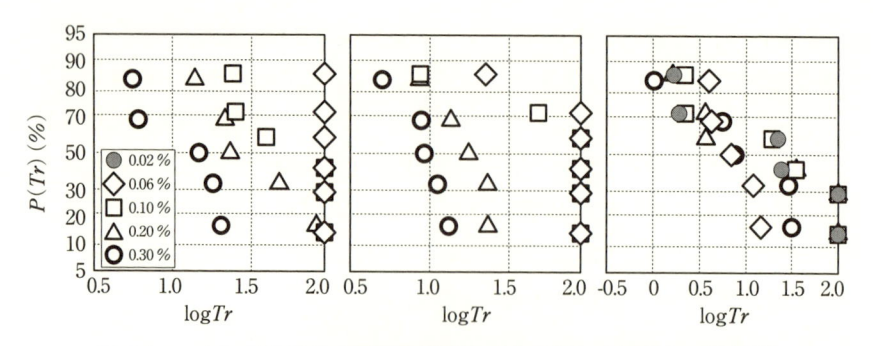

図-2.3.7 センサの線状金属箔の破断までの時間と生存確率の関係[29]

センサの金属箔の破断までの時間Trと生存確率$P(Tr)$との関係を正規確率紙上にプロットした結果を，図-2.3.7に示す[29]。図より，破断までの時間の対数と生存確率はほぼ直線で表されており，破断までの時間は対数正規分布により表されることが分かる。また，塩化物イオンと水酸化物イオンの比[Cl⁻]/[OH⁻]が0.6以上の条件で破断することが明らかになっており，鉄筋腐食発生限界濃度に関する既往の研究結果[30]と一致している。このように実験室レベルでの基礎的データは得られているものの，実用化には至っていない。

b. 事例2：モニタリングセンサの実構造物への適用

実構造物にモニタリングセンサが適用された事例として，新北九州空港連絡橋のコンクリート橋脚がある。この連絡橋は海上空港への唯一の連絡施設であり，その重要度は極めて高いことから，橋脚については，劣化の進行をモニタリングし，劣化が顕在化する前から詳細な点検を行い，土木学会の維持管理区分A（予防維持管理）により維持管理することが定められている[31]。

橋脚部のうち，5P橋脚と20P橋脚の内部に複合センサ（塩化物イオン浸透モニタリングセンサおよび埋め込み照合電極）が埋設され，塩化物イオンの浸透深さや鉄筋の腐食状態が常時監視されている。

塩化物イオン浸透モニタリングセンサの概要を，図-2.3.8に示す。センサ部は，セメントモルタルの円柱形本体部，本体の側面に設けられた4箇所（コンクリート表面から5，25，50，75mm）の溝の中に巻き付けられた0.1mm径の極細鉄線，およびステンレス製の取っ手から構成されている[32]。各極細鉄線の両端は，それぞれリード線とつながっており，鉄線の情報を外部計測器へ流す仕組みとなっている。また，埋設された照合電極により鉄筋の自然電位をリアルタイム

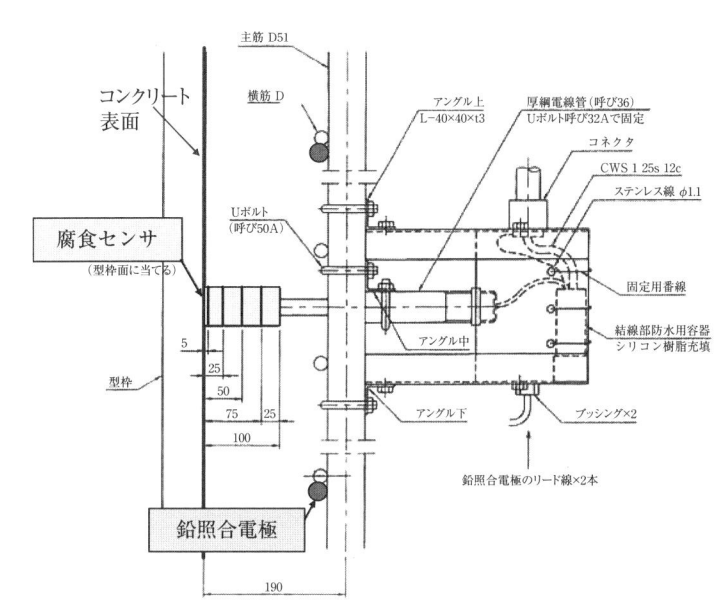

図-2.3.8 塩化物イオン浸透モニタリングセンサの概要図（側面図）（福岡県：2002年版 新北九州空港海上橋橋脚部維持管理指針（案），2002.3に加筆）

かつ連続的に測定し，自然電位が低くなると，腐食の可能性があると判断し，鉄筋の腐食状態が検知される。

実際に橋脚にセンサが設置された後，約1年を経過した時点で，鉄筋電位に予想と異なった挙動が認められた。この原因は，橋脚中の鉄筋が橋脚周辺の鋼管矢板と連結されており，電気的に繋がっていることが原因であることが明らかにされている。

(5) 分極抵抗測定による不動態被膜の破壊時期の予測

鉄筋の腐食は，不動態皮膜が破壊されてから起こるものである。ASTM (American Society for Testing and Materials)やCEB(European Committee for Concrete)により鉄筋が腐食する際の自然電位や分極抵抗に閾値が定められている（**表-2.3.1，2.3.2**）ものの，これらの指標を用いて不動態皮膜が破壊される時期を調べるのは不可能である。不動態被膜の状態を精度よく判定する方法として，分極曲線を用いる方法が考えられている。

大即[33]により提案されている，分極曲線による不動態皮膜の状態のグレード判定基準およびその概念図を，それぞれ**表-2.3.3，図-2.3.9**に示す。すなわち，

表-2.3.1　ASTM C 876 による腐食判定基準

自然電位(E)*	鉄筋腐食の可能性
$-200\text{mV} \leqq E$	90％以上の確率で腐食なし
$-350\text{mV} < E < -200\text{mV}$	不確定
$E \leqq -350\text{mV}$	90％以上の確率で腐食あり

＊　銅/硫酸銅照合電極基準(CSE)

表-2.3.2　CEB による腐食速度判定基準

分極抵抗($k\Omega\cdot cm^2$)	腐食速度の判定
130～260 より大	不動態状態
52以上130以下	低～中程度の腐食速度
26以上52以下	中～高程度の腐食速度
26未満	激しい，高い腐食速度

表-2.3.3　不動態被膜の状態のグレード判定基準 [33]

En：自然電位
$En + 200\text{mV} < E < +600\text{mV}$（対飽和カロメル電極）の範囲において

グレード0	電流密度が一度でも100 $\mu A/cm^2$を超えるもの	まったく不動態がない
グレード1	電流密度が10～100 $\mu A/cm^2$にあるもの	若干は不動態がある
グレード2	電流密度が一度でも10 $\mu A/cm^2$を超え，かつグレード1またはグレード3に含まれないもの	
グレード3	電流密度が，1～10 $\mu A/cm^2$にあるもの	
グレード4	電流密度が一度でも1 $\mu A/cm^2$を超え，かつグレード1,グレード2およびグレード3に含まれないもの	
グレード5	電流密度が1 $\mu A/cm^2$を超えないもの	非常に良好な不動態がある

　電流密度が1 $\mu A/cm^2$以下のような低いレベルであれば，非常に良好な不動態被膜があり，10 $\mu A/cm^2$以上であれば不動態皮膜の一部が失われ，さらに100 $\mu A/cm^2$以上となる場合には不動態皮膜がまったく無いと判定される。これらの基準は，水溶液試験を基に作成されたものであることから，鉄筋を埋設したモルタル供試体による検証実験結果を行った結果 [34] を以下に示す。

　分極曲線を測定する計測システムは3電極方式とし，作用電極はモルタル中鉄筋とし，照合電極として飽和銀/塩化銀電極，対極としてステンレス鋼板を使用した。計測装置としてポテンショスタット，信号発生装置としてファンクションジェネレータ，記録装置としてデータロガを用いた。計測方法は，まず自然電位

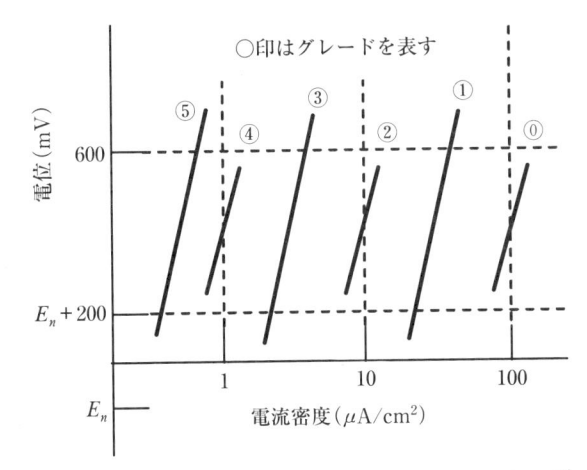

図-2.3.9 分極曲線によるグレード判定基準の概念図 [25]

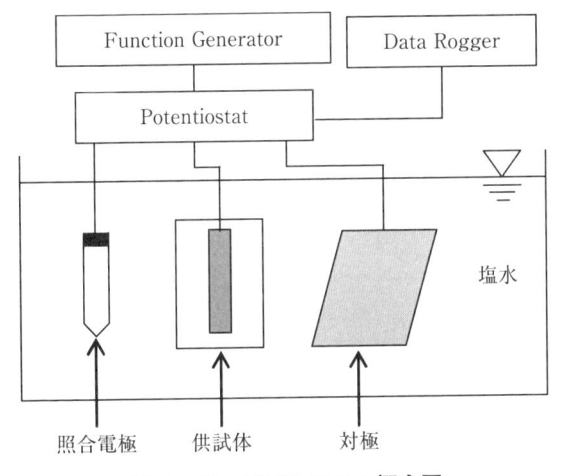

図-2.3.10 計測システム概念図

の計測を行い，[自然電位]→[＋605(mV vs.SCE)]の手順で電位を掃引し，その時に鉄筋から流出する電流を計測した．なお，電位の掃引速度は50mV/min とした．**図-2.3.10**に計測システムの概念図を，**図-2.3.11**に測定状況を示す．

　図-2.3.12に得られた分極曲線を示す．(a)図は配合(水セメント比)ごとに示したものであり，(b)図は鉄筋の腐食の有無により区別したものである．(a)図より，水セメント比が大きい配合，すなわち塩分浸透速度が大きいほど電流密度が

第❷章 建築材料の耐久性診断

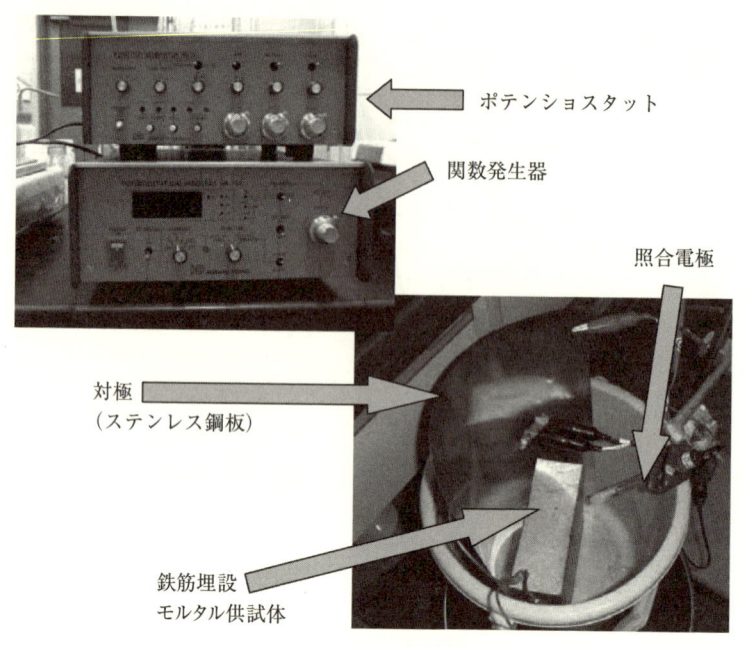

図-2.3.11 測定状況

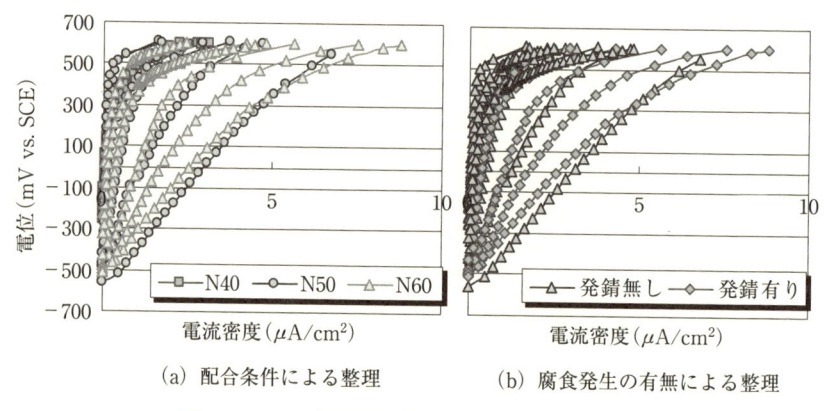

（ポテンショスタット／関数発生器／照合電極／対極（ステンレス鋼板）／鉄筋埋設モルタル供試体）

（a）配合条件による整理
（b）腐食発生の有無による整理

図-2.3.12 分極曲線測定結果（かぶり厚さ1cm）

大きくなっている。**図-2.3.9**と比較すると，水セメント比が大きいとグレードが低く，不動態被膜が破壊される方向に近づいているものと考えられる。

また，(b)図より，分極曲線により判定すると，大部分はグレードが4であり，不動態の状態は良好と考えられるが，はつり調査の結果，同一のグレードであっ

ても腐食の有無には相違が認められた。よって，不動態皮膜の破壊が腐食発生を意味するのではなく，不動態皮膜が破壊された後の酸素の供給量や水分量などはコンクリート配合等の影響を強く受けることから，このような現象が生じたものと推察される。したがって，モルタル中あるいはコンクリート中の鉄筋の不動態皮膜の状態を判定するためには，水溶液試験に基づく**表-2.3.3**は十分ではなく，さらなるデータの蓄積および細分化された基準の構築が必要であることが示唆された。

2.3.3 アルカリシリカ反応

(1) アルカリシリカ反応とは

セメントに由来するアルカリ（Na^+およびK^+）とある種の鉱物を有する骨材（反応性骨材）が化学反応を起こし，アルカリシリカゲルを生成し，これが吸水，膨張を起こす現象をアルカリシリカ反応（ASR：Alkali Silica Reaction）という。アルカリシリカゲルはコンクリートを膨張させ，ひび割れや強度・弾性係数の低下などの劣化，損傷を引き起こす。

一般に，無筋コンクリートまたは鉄筋量の少ないコンクリートでは亀甲状のひび割れが生じ，鉄筋コンクリートやプレストレストコンクリートでは軸方向鋼材に沿ったひび割れが発生する。

このような反応を起こす骨材としては，ガラス質（オパール，火山ガラスなど）やクリストバライト，トリジマイトなどのシリカ鉱物，微細な結晶粒やひずんだ結晶格子を持つ石英などがある。

ASRによる劣化事例を**図-2.3.13**に示す。図(a)は，防波堤の劣化事例である。鉄筋量が少ないため，亀甲状のひび割れを生じている。図(b)は高速道路の盛土区間におけるコンクリート擁壁の劣化事例である。コンクリート表面からの水の供給を止めるため表面被覆が行われているものの，背面からの水の侵入によりASRがさらに進行し，膨張によるひび割れが発生し，再劣化を生じている。図(c)は，水道タンクの劣化事例である。水に接する時間の長いタンク下部にひび割れが生じている。図(d)は道路橋橋脚の劣化事例である。岩種判定などの分析によりASRは発生していることは確認されたが，上部工のずれ等の変状は発生していない。

我が国では，ASTMの基準を参考に，1989年に骨材試験方法および判定基準，ならびにASR反応抑制対策が規定された。それ以降，ASRによるコンクリート

(a) 防波堤の劣化状況 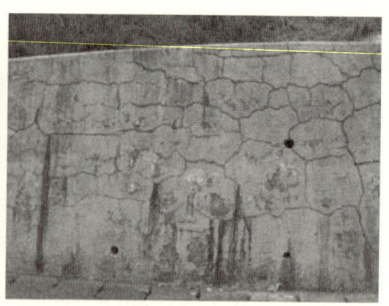　　　　(b) 擁壁の劣化状況

(c) 水道タンクの劣化状況 　　(d) 道路橋橋脚の劣化状況

図-2.3.13　コンクリート擁壁のASR劣化事例

構造物の損傷は少なくなっているが，適切に判定できない骨材の存在，ペシマム現象，凍結防止剤などの外部からのアルカリ供給源の存在などの問題が指摘されており，完全に抑制できているとはいい難い。

さらに，コンクリートにASRは起きていても構造物自体の損傷は認められない場合や，表面被覆等の補修を行ったにもかかわらず再劣化を生じている場合など，ASRに関する診断が十分に行われていないのが現状である。

また近年では，ASRによる膨張により鉄筋曲げ加工部が破断する事例が報告されており，原因究明が行われている[35]。

(2) アルカリシリカ反応に関する既往の診断方法

図-2.3.14は，ASRによる劣化を診断するための標準的な手順のフロー図（ASR診断フロー）を示している。

ひび割れの存在を確認した際，まず外観調査によってひび割れの原因を推定する。このひび割れがASR劣化に特有とされるひび割れパターンと類似している

2.3 耐久性診断の現状と問題点

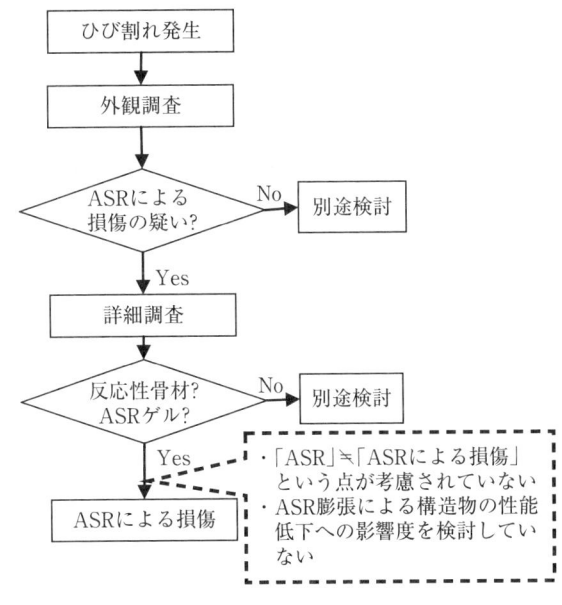

図-2.3.14 一般的な ASR 診断フロー

[フロー図の内容]
ひび割れ発生 → 外観調査 → ASRによる損傷の疑い？ → No: 別途検討 / Yes: 詳細調査 → 反応性骨材？ASRゲル？ → No: 別途検討 / Yes: ASRによる損傷

注記：
・「ASR」≒「ASRによる損傷」という点が考慮されていない
・ASR膨張による構造物の性能低下への影響度を検討していない

場合，「ASR 劣化の疑いがある」と判断される。ASR 劣化の損傷レベルや今後の劣化予測を考える際には，詳細調査を行う必要がある。ASR に関する詳細調査の調査項目には，例えば，以下のようなものが挙げられる。

① 骨材の岩種判定（偏光顕微鏡および X 線回折）
② SEM-EDS（走査型電子顕微鏡/エネルギー分散型 X 線分析装置）による ASR ゲルの同定
③ アルカリ量分析

一般的には，これらの詳細調査結果を総合的に勘案して補修・補強の必要性を検討することになる。また，補修・補強が必要ない場合にはモニタリングを行うことが推奨される。

しかし，山口ら[36]は 69 件の構造物を対象として，実構造物における劣化の進行状況を整理した非常に有益なデータを示している。過去の調査時点において構造物の約 1 割は補修が行われていたが，現時点では約 6 割が補修・補強等の対策が行われていること，過去に一度も補修・補強を行われていない構造物のうち約 9 割が現時点においても経過観察の状態にあることが報告されている。このデー

タから，特殊な事例を除き，ASRによって重大な損傷が生じているケースは少ないと考えられる。

現時点において約6割の構造物が何らかの対策を講じられているものの，それらの中で適切な補修・補強が行われたものは少ないと推察される。特に，外部からの水分供給を遮断するため表面被覆工法などが適用されるが，水の供給が十分遮断されなかったために膨張がさらに進行し，表面被覆材にひび割れが発生し，補修効果が失われているケースが数多く見られる。

これらの実状は，反応であるASRが生じても必ずしも構造物におけるASRによる損傷（ASR損傷）にはつながらないために起こっているものと考えられる。そこで，「ASR」はアルカリとシリカ鉱物の反応によるものであり，「ASR損傷」はASRにより発生する膨張力で構造物にひび割れを生じ，何らかの性能低下を生じた場合や鋼材腐食といった他の劣化の進行を生じた場合であり，これら2ケースを明確に区別する必要がある。

(3) ASR反応と構造物の損傷度の相互関係を考慮したASR診断

骨材の岩種判定などの詳細調査は，ASR診断において非常に有効な手法であるが，データの解釈によってはその有効性が失われる場合もある。

例えば，岩石学的評価は骨材のASR反応性の可能性を評価することができるが，その骨材の現状における反応程度および今後の反応量までは十分には分からない。また，日本は火山帯に属し，骨材として反応性の安山岩が用いられることも多いが，安山岩といっても多様であり，さらには，ASR反応性を判定する試験方法ごとに判定結果が異なることも報告されており，一概に反応性を評価することは困難である[37]。

この他，日本において使用される骨材には反応性シリカ鉱物を含有している場合が少なくない。現在の骨材のASR反応性の判定法は反応性シリカ鉱物の量やその反応を評価し，工学的に簡便のため大別するものであり，実際には完全に「無害」と「無害でない」に区分することは難しい。つまり，「無害」の骨材を使用することで完全にASRを回避できるわけではない。

さらに，SEM観察は微小領域を対象としており，コンクリート中でも局所的な情報を与えるものである。SEMでコンクリート中のミクロな領域で少量のASRゲルを確認したことが必ずしもコンクリートの劣化や損傷につながっているとはいえない。生成したASRゲルの量も問題となる。また，これらのデータ

は試料の採取位置にも影響される。

詳細調査で得られる結果はコンクリートの劣化に対する状況証拠であり，特にASRについては，今後の劣化進行の程度を保証するものではない。ひび割れ発生状況，岩種判定結果，ゲルの同定からただちに「ASR損傷」と判断した場合，無駄な補修・補強に至る場合もある。適切なASR診断を行うためには，モニタリングでASR膨張挙動をとらえることも選択肢として残しておくことも必要になると考えられる。モニタリングにより膨張挙動を明確にし，適切な対策時期を判定することが効率的な維持管理に繋がると考えられる。

2.3.4 硫酸塩劣化

(1) 硫酸塩劣化とは

化学的侵食によるコンクリート構造物の劣化現象とは，コンクリートが外部からの酸（硝酸，塩酸，硫酸 等），塩類（硫酸ナトリウム，硫酸アンモニウム等），油類（大豆油，魚油等）や腐食性ガス（塩化水素，硫化水素等）の化学的作用を受け，セメント硬化体を構成する水和生成物が変質あるいは分解して結合能力を失う現象である。

これらのうち，硫酸塩劣化は，硫酸イオンによりコンクリート組織の多孔化や

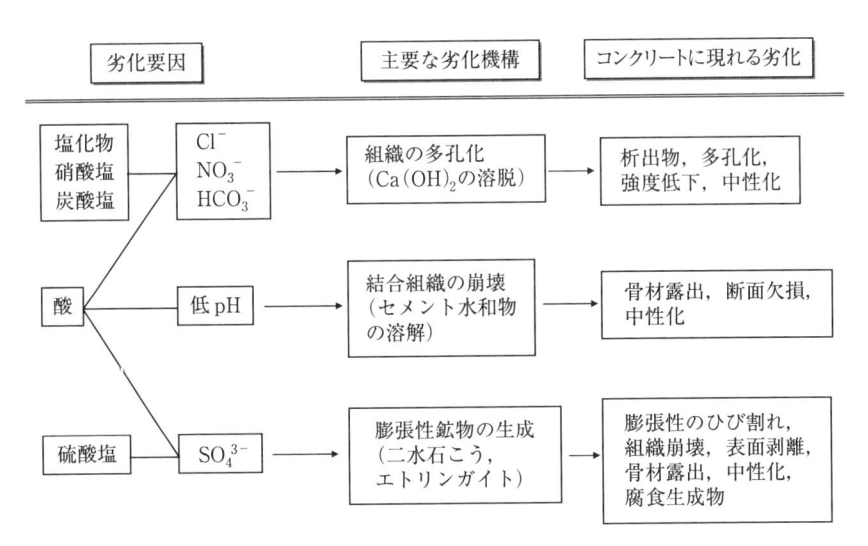

劣化要因		主要な劣化機構	コンクリートに現れる劣化
塩化物 硝酸塩 炭酸塩	Cl^- NO_3^- HCO_3^-	組織の多孔化 ($Ca(OH)_2$の溶脱)	析出物，多孔化， 強度低下，中性化
酸	低pH	結合組織の崩壊 （セメント水和物 の溶解）	骨材露出，断面欠損， 中性化
硫酸塩	SO_4^{3-}	膨張性鉱物の生成 （二水石こう， エトリンガイト）	膨張性のひび割れ， 組織崩壊，表面剥離， 骨材露出，中性化， 腐食生成物

図-2.3.15　コンクリートの化学的侵食の劣化機構

表-2.3.4 耐化学的侵食性を確保するための最大水セメント比[38]

劣化環境	最大水セメント比(%)
SO_4として0.2％以上の硫酸塩を含む土や水に接する場合	50
融氷剤を用いる場合	45

注) 実績，研究成果等により確かめられたものについては，表の値に5～10加えた値としてよい。

セメント水和物の溶解による結合組織の崩壊，さらには二水石こうやエトリンガイトなどの膨張性鉱物の生成により，コンクリートの強度低下，断面欠損や膨張性ひび割れが生じ，劣化崩壊する現象である。

土木学会のコンクリート標準示方書では，耐化学的侵食性を確保するための対策として，硫酸塩を含む土や水の硫酸イオン濃度が0.2％以上の場合には，コンクリートの水セメント比に対して**表-2.3.4**のように定めることにより，耐化学的侵食性の照査に代えている[38]。

硫酸イオンを含む環境としては，
① 火山地域における噴気や熱水あるいは温泉水，
② 海岸地域における飛来塩分や海水，
③ 鉱山地域における酸性水，
④ 下水施設における生活汚水や産業廃水，
⑤ 硫酸イオンを含む地盤

などがあげられる。これらのうち，①から④については，硫酸イオンの供給源が明らかな環境であるが，⑤については，構造物を構築する前後で，土中の硫酸イオン濃度が大きな変化する。このように，地盤の硫酸イオン濃度が変化するなど，構造物の構築前後で劣化環境が大きく変化することは，現状のどの設計基準にも定められているものはない。

(2) 硫酸塩劣化を生じた住宅基礎の損傷事例

ここで取り上げる硫酸性地盤は，昭和40年代まで，わが国の基幹産業の隆盛に大きく寄与した「石炭」を採掘し，良質の石炭を選別する際に，残留物として残った岩石ズリや粗悪な石炭である「ぼた」といわれる特殊土によって造成された造成地盤である。

「ぼた」は，石炭採取後の廃棄物であり，北部九州などの旧産炭地では，これを山積みした「ぼた山」(**図-2.3.16**)といわれる形で残っている。「ぼた」は廃棄物で

図-2.3.16 北部九州に残る「ぼた山」

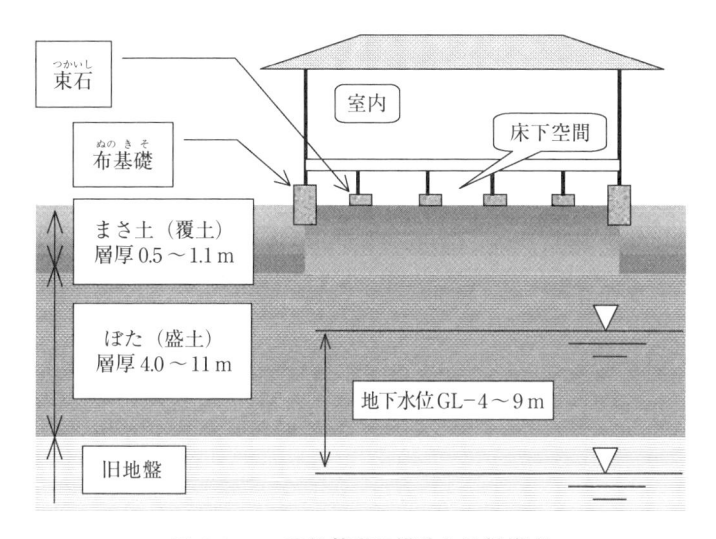

図-2.3.17 建物基礎の構造と地盤構成

あり，硫酸イオンを含んでいるが，一般にその濃度は低く，高含水比で締固めれば，かなりの地耐力が期待できることから，埋立や造成工事に有効利用することが期待できると考えられている。

調査対象地域は，まず，ぼたによって造成された層の上に，花崗岩の風化土である「まさ土」により覆土された地盤である。その上に構築された住宅の多くが木造住宅であり，いずれも，壁を支える布基礎と柱を支える独立基礎と床はりを支える束石と呼ばれるコンクリート基礎から成っている（図-2.3.17参照）。

構築後十数年経過した住宅は，床のきしみや傾きが発生しており，床下を目視観察してみると，束石や布基礎に白い結晶が付着し，一部が崩壊しており（図-2.3.18），また，基礎コンクリート周囲の床下土はフカフカとした状態で盛り上

図-2.3.18　束石コンクリートの劣化事例(ナイフ等によりコンクリート表面の脆弱部を剥ぎ取った状況)

がっていた。束石については，表面の全面にひび割れが認められ，表面の脆弱部はナイフ等により容易に剥ぎ取ることができ，内部はベージュ色に変色しているのが確認された。

現地における観察の結果，劣化の程度は住宅ごと，また，同じ住宅内においてもさまざまであったが，化学分析の結果，次のような劣化機構が明らかとなった。

束石コンクリートや布基礎コンクリートの変色部分は，フェノールフタレインによる中性化試験により赤変しない，アルカリ性が失われている，いわゆる中性化領域であり，この部分のX線回折分析の結果，二水石こう(化学式 $CaSO_4 \cdot 2H_2O$)と方解石(化学式 $CaCO_3$)であることが明らかとなった。また，基礎コンクリート表面のひび割れ沿いには，エトリンガイト(化学式 $3CaO \cdot Al_2O_3 \cdot 3CaSO_4 \cdot 32H_2O$)が多く観察された。

これらの二水石こうとエトリンガイトは，式(2.1)に示すように，代表的な硫酸塩劣化により生成する反応生成物であり，式(2.1)の化学反応によって1.2倍，式(2.2)の反応によって2.4倍に体積膨張し，コンクリートを膨張破壊する成分である。

$$Ca(OH)_2 + SO_4^{2-} + 2Na + 2H_2O$$
$$\rightarrow CaSO_4 \cdot 2H_2O + 2NaOH \qquad (2.1)$$
$$3(CaSO_4 \cdot 2H_2O) + 3CaO \cdot Al_2O_3 \cdot 6H_2O + 20H_2O$$
$$\rightarrow 3CaO \cdot Al_2O_3 \cdot 3CaSO_4 \cdot 32H_2O \qquad (2.2)$$

一方，コンクリートの表面や床下土の表面に析出している白色結晶は硫酸ナトリウムで，針状結晶のミラビル石（化学式 $Na_2SO_4・10H_2O$）と粉状結晶のテナルド石（化学式 Na_2SO_4）であることがわかった。粉状結晶のテナルド石は，高温多湿条件になるほど結晶水をとり込み，体積が4倍のミラビル石に変化し，より低温乾燥条件になると元のテナルド石に戻るという，式(2.3)に示すような可逆反応の性質をもっている。これは，夏の時期に針状結晶のミラビル石が卓越し，冬の時期に粉状結晶のテナルド石が卓越する季節的な変化として現れ，1日の気温や湿度の変化にも追随して可逆反応が起こることを示している。この性質により，硫酸ナトリウムがコンクリート骨材の安定性試験の試薬に用いられていることは周知の通りである。

$$Na_2SO_4・10H_2O \Leftrightarrow Na_2SO_4 + 10H_2O \tag{2.3}$$

　このため，コンクリート表面の細孔中およびひび割れ沿いに浸透すると，この可逆反応の繰り返しによってコンクリートは崩壊する。

　この崩壊機構は，コンクリートの成分との化学反応により生成した反応生成物による膨張現象によりコンクリートが膨張破壊する現象ではなく，硫酸ナトリウムの結晶化による物理的膨張破壊であり，浸透性の固体であれば，コンクリートでなくても，同様の崩壊が生じることがある。

　よって，化学分析結果による基礎コンクリートの劣化崩壊のメカニズムは，二水石こうとエトリンガイトを生じる化学的劣化と硫酸ナトリウムの結晶化による物理的劣化の両方による作用に起因すると考えられる。

　劣化を生じさせた硫酸イオンの起源については，ボーリング調査の結果，下記のことが明らかとなった。

　住宅建築当時，「ぼた」には，硫酸イオンが含まれていることは知られていたため，造成後，「まさ土」により0.5m前後の覆土がなされていた。このため，コンクリートの劣化に対しては，直接的には問題がないと判断されていた。

　地表面から深さ方向の硫酸イオン濃度の分布を測定するため，床下からボーリングにより地中の土砂を採取し，水溶性イオン濃度を測定したところ，「まさ土」の深さ5cm位置で0.15～1.22％，深さ25cm位置で0.01～0.14％，「ぼた」層の深さ80cm付近で0.16～1.32％であった（**図-2.3.19**）。このように，調査結果より，硫酸イオンを含まない「まさ土」が，下位の「ぼた」層と同程度の硫酸イオン濃度にまで達していることが示された。

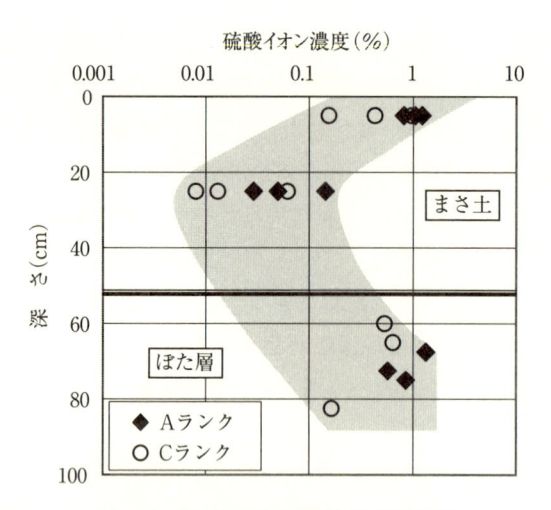

図-2.3.19　地盤中の硫酸イオン濃度

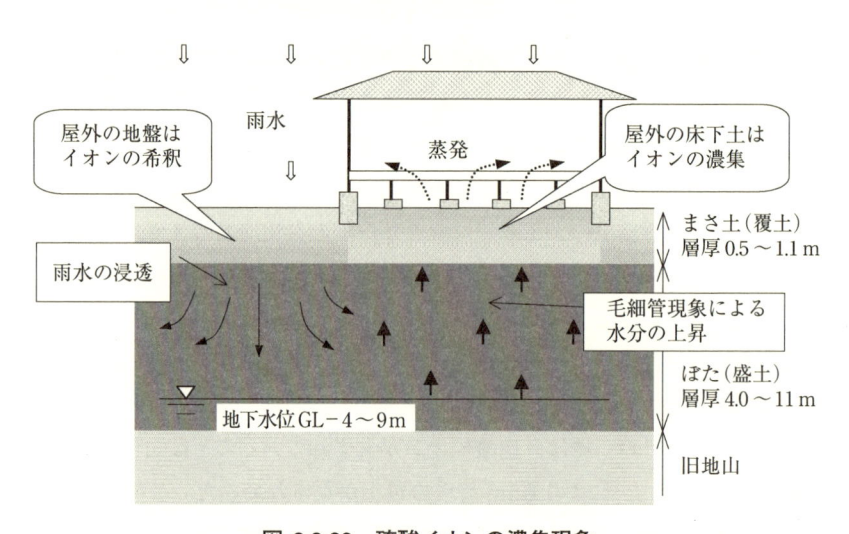

図-2.3.20　硫酸イオンの濃集現象

したがって，「ぼた」層に含まれる硫酸イオンが，毛細管現象により土中を地中水とともに上昇し，床下土表面に濃集されたものと推定された(図-2.3.20)。

(3) 硫酸性地盤ハザードマップ

「ぼた」による造成地のようにコンクリートを腐食させる硫酸イオンを含む地層が存在することが明らかとなった。このため，コンクリート構造物の耐久性を確

保するためは，硫酸イオンを含む地層を考慮すること，および硫酸イオンが増大する条件を考慮することが重要である。そこで，硫酸塩によるコンクリート腐食性に対するリスクの程度を示すため，コンクリート腐食性ハザードマップを提案する。

コンクリート腐食性地盤とは，もともと海底に堆積した泥土が圧密，脱水，固結化の過程を経て今は陸地となっている地層よりなる地盤で，沖積粘性土層の分布する埋立地や低地，洪積固結粘土層や新第三紀泥岩層の分布する台地から丘陵地に相当し，含まれる硫酸イオン濃度が高いこと，含まれる黄鉄鉱の酸化により硫酸イオンが発生し増大すること，および水溶性イオンの濃集が起こりやすい地盤環境を有する地盤である。

また，気温が高いほどコンクリートの腐食に対する危険度が高くなる。月平均気温が20℃以上とのなる月数ごとに都道府県を分類すると，**表-2.3.5**の通りとなる。この結果と各地層(沖積層，洪積層，新第三紀層)との組み合わせから，コンクリートの腐食に対する厳しさを表すと，**表-2.3.6**の通りとなる。これらの結果を100万分の1日本地質図[39]とを照らし合わせ，硫酸イオンによるコンクリートの腐食の程度の厳しさをマッピングした結果が，**図-2.3.21**である。

しかし，対応する地盤のすべてが，コンクリートに対して硫酸塩劣化を起こすとは限らない。水溶性硫酸イオン濃度が高い沖積粘土層は，透水係数が低いため地中水の動きが緩慢でイオンの動きも小さい。このため，地中でコンクリートが

表-2.3.5　月別平年気温20℃による分類

20℃を越す月数	地　区
1～2ヶ月未満	北海道
2ヶ月	青森　岩手　秋田
3ヶ月	山形　宮城　新潟　福島　茨城　長野　岐阜

表-2.3.6　地層と気温の組み合わせによる腐食の厳しさ

	20℃を越す月数	4ヶ月以上	3ヶ月	2ヶ月	2ヶ月未満
地層	沖積層	非常に厳しい	厳しい	強い	穏やか
	第三紀層	厳しい	強い	穏やか	弱い
	洪積層	強い	穏やか	弱い	弱い

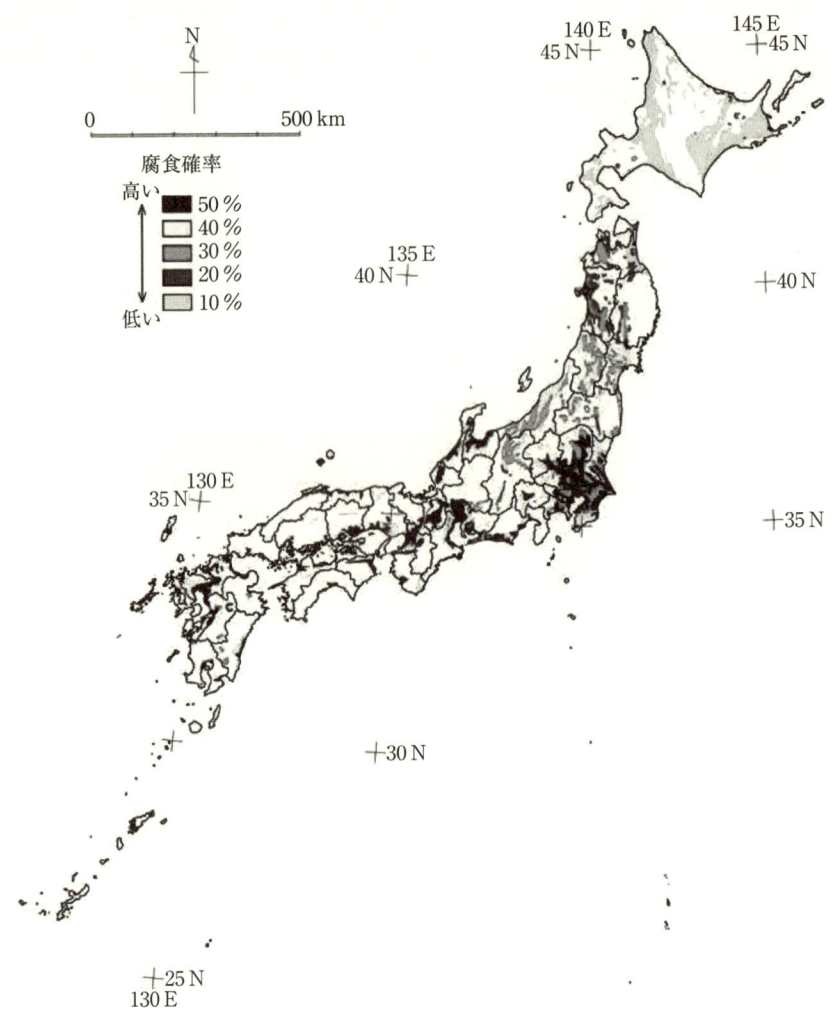

図-2.3.21 コンクリート腐食性ハザードマップ

沖積粘土層に接していても問題とはならないが，地中での攪拌作業や地表への排出により空気中に暴露することにより強酸性土砂となる。他の地盤は，すでに空気にさらされ，雨水により表層の硫酸イオンは流失しているため，そのままではとくに問題とはならないことが多い。また，切取等により生じた新しい切土面や掘削ずりは，雨水により硫酸イオンが溶出し，すでにある水溶性硫酸イオンと新

たに酸化して溶出してくる硫酸イオンにより，徐々に硫酸イオン濃度が高くなり，床下のような特殊な環境により強酸性地盤となる。このように，硫酸イオンが増大する酸化環境を与えることは，コンクリート腐食性地盤となる危険性を高めていると考えられる。

　土木学会では，**表-2.3.4**に示したように，最大水セメント比を規定値以下にすることで耐化学的侵食性の照査に代えてよいことになっているが，提示した腐食確率の高い地域においては，建設当初の地盤から長期間の間に地盤環境が変化した結果，硫酸イオン濃度の増大が想定されるため，地盤とコンクリートとが接触しないような対策工を検討することが望まれる。

2.4 耐久性診断から見たこれからの新設構造物のあり方

　これまでは，既存構造物における劣化診断方法の現状と問題点について述べてきた。将来，我が国における高齢化社会はさらに進み，建設投資は大幅に減少することは明白である。これから建設する新設構造物については，いかに長寿命な構造物とするか，いかに診断しやすい構造物とするか，が求められる。

　従来，多くの構造物は仕様規定により設計されており，例えば，所定のかぶり厚さを確保すれば耐久性は問題ないと考えられ，設計時に耐久性に対する照査はほとんど行われてこなかった。しかし，同じコンクリート強度であっても，使用する材料や施行方法によって，耐久性は異なる。また，構造物の劣化速度は設置環境，使用環境にも大きく依存する。

　これからの構造物は，設計時に構造性能，使用性のみならず，耐久性に対しても何らかの照査を行い，ライフサイクルコストが小さくなるような対策を示すべきである。現状では耐久性照査の手法・精度にまだ多くの問題を抱えているものの，適切な手法で照査を行い，適切な劣化抑制対策や維持管理計画を示すことが，技術者の差別化やレベルアップにつながるものと考えられる。初期建設費用は高くなるが，建設時にあらかじめ各種モニタリング装置を設置したり，点検が容易となるよう通路を設けたり，部材交換が容易となるような構造形式を選定する等，これまでに無かった取り組みが求められるであろう。

　一方，近年の電子計測技術，情報処理技術の発達に伴い，高精度・高機能な計測方法が提案されているが，それらの多くは，高価になる傾向にある。また，測

定原理・装置は複雑化しており，技術者に求められる技術力や判断力はますます高度化している。ライフサイクルコストの低減が求められる中で，今後，点検や解析に要する価格も維持管理上の重要な要素になると考えられる。点検の精度とそれに要する価格とのバランスを適切に選択することが今後重要となるであろう。

参考文献

1) 国土交通省通達「土木コンクリート構造物の品質確保について」(国官技第61号，平成13年3月29日)
2) JIS A 5021「コンクリート用再生骨材 H」，2005.3
3) JIS A 5022「再生骨材 M を用いたコンクリート」，2007.3
4) JIS A 5023「再生骨材 L を用いたコンクリート」，2006.3
5) JIS A 5031「一般廃棄物，下水汚泥又はそれらの焼却灰を溶融固化したコンクリート用溶融スラグ骨材」，2006.7
6) JIS R 5214「エコセメント」，2002.7
7) 日本コンクリート工学協会：コンクリート診断技術'07，2007.1
8) 日本コンクリート工学協会：コンクリートのひび割れ調査，補修・補強指針－2003－，2003.6
9) 産業調査会：コンクリート補修・補強マニュアル，2003.8
10) 日経コンストラクション：これから始めるコンクリート補修講座，2002.4
11) 日本コンクリート工学協会：コンクリート診断技術[応用編]，pp.3-4，2007.1
12) 土木学会：2001年制定コンクリート標準示方書[維持管理編]，2001.1
13) 土木学会：エポキシ樹脂塗装鉄筋を用いる鉄筋コンクリートの設計施工指針[改訂版]，コンクリートライブラリー112，2003.11
14) 土木学会：電気化学的防食工法 設計施工指針(案)，コンクリートライブラリー107，2001.1
15) 土木学会：表面保護工法設計施工指針(案)，コンクリートライブラリー119，2005.4
16) 日本コンクリート工学協会：複合劣化コンクリート構造物の評価と維持管理計画研究委員会，2001.5
17) 日本コンクリート工学協会九州支部：コンクリート硬化・劣化過程の非接触全視野ひずみ計測に関する研究専門委員会研究成果報告書(CD-ROM)，2006.3
18) 岸谷孝一：コンクリートの耐久性，鹿島出版会，1963.2
19) 魚本健人，高田良章：コンクリートの中性化速度に及ぼす要因，土木学会論文集，No.451/V-17，pp.119-128，1992
20) JIS A 1153「コンクリートの促進中性化試験方法」，2003.5
21) 岩波書店：第5版岩波理化学事典，1998.2
22) 土木学会：平成11年版コンクリート標準示方書[施工編]－耐久性照査型－改訂資料，コンクリートライブラリー93，pp.19-20，2000.1
23) 土木学会：2002年制定コンクリート標準示方書[施工編]，2002.1
24) 土木学会：2001年制定コンクリート標準示方書[維持管理編]，p.99，2001.1
25) 日本コンクリート工学協会：コンクリート構造物の腐食・防食に関する試験方法ならびに規準(案)，1987.4
26) JIS A 1154「硬化コンクリート中に含まれる塩化物イオンの試験方法」2003.5
27) 小林一輔 編著：図解 コンクリート構造物の診断－電子の目で内部を見る－，オーム社，2006.7
28) 松下博通，前田悦孝，藤田数正，祝井健志：高炉スラグ微粉末を混入した高強度コンクリートの塩分浸透性状－EPMAを利用した塩化物イオン濃度分布の測定－，材料，Vol.54，No.8，pp.834-841，2005.8

29) 藤田数正，松下博通，佐川康貴，福澤祥宏:鉄筋腐食に及ぼす塩化物イオン量および pH の影響に関する基礎的研究，コンクリート構造物の補修，補強，アップグレード論文集，Vol.6, pp.7-12, 2005.10
30) 小林豊治，米沢敏男，出頭圭三 共著:コンクリート構造物の耐久性診断シリーズ3－鉄筋腐食の診断－，1993
31) 福岡県:2002年版 新北九州空港海上橋橋脚部維持管理指針(案)，2002.3
32) 武若耕司，山本悟:コンクリート中の塩化物イオン浸透過程非破壊モニタリングシステムの開発研究，コンクリート工学年次論文集，Vol.23, No.1, pp.1183-1188, 2001.7
33) 大即信明:コンクリート中の鉄筋の腐食に及ぼす塩素の影響に関する研究，港湾技術研究所報告，Vol.24, No.3, pp.191-196, 1985
34) 福澤祥宏，松下博通，濱田秀則，山本大介，審良義和:モルタル中に埋設された鉄筋の分極曲線による不動態評価，平成18年度土木学会西部支部研究発表会講演概要集(CD-ROM)，pp.805-806, 2007.3
35) 土木学会:アルカリ骨材反応対策小委員会報告書－鉄筋破断と新たなる対応－，コンクリートライブラリー124, 2005.8
36) 山口順一郎，河野広隆，渡辺博志，古賀裕久:アルカリ骨材反応により劣化したコンクリート構造物の経時変化，コンクリート工学年次論文集，Vol.27, No.1, pp.1861-1866, 2005.6
37) 松下博通，田中真一郎，山田一夫:骨材のアルカリ反応性判定法に関する問題点－ASR抑制を目指した九州基準にむけて－，コンクリート工学，Vol.43, No.10, pp.9-17, 2005.10
38) 土木学会:2002年制定コンクリート標準示方書[施工編]，p.82, 2002.1
39) 地質調査所:100万分の1日本地質図，日本地質アトラス，1982

第3章 建築構造の耐震診断

3.1 建築物の耐震設計

　建物を設計する場合，設計者は建物に要求される諸性能を満足するように設計することを考える。相矛盾した要求性能があったり，いろいろな拘束条件があったりする中で最適な設計をするのが設計者の役割といえる。持続都市建築システムを考える場合は，建物に要求される性能や拘束条件がこれまでのそれとは大きく異なってくる。しかしながら，本章で取り扱う耐震性能に関しては本質的にはそれほど変わらないと思われる。最初にその問題について簡単に述べ，それから本論に入ることにする。

　地震国である日本に建てる建物には耐震性能が要求される。耐震性能が要求されるという表現は漠然としているので，このことの意味を少し詳細に考えることにする。耐震性能が要求されるとは，要求を満足するように設計することである。これを，簡単な条件式で書くと(A)の式で表される。

　　　保有耐震性能≧必要耐震性能　　　　　　　　　　　　　　　　　(A)

まず問題になるのは必要耐震性能をできるだけ明確にすることである。通常は建築基準法が要求している必要耐震性能を考える。1981年に改正された建築基準法(後述する新耐震設計法である)を例に取ると，以下のように要約することができる。

- 必要耐震性能Ⅰ：中小地震に対しては建物に損傷が生じない。
- 必要耐震性能Ⅱ：極稀にくる大地震(地表加速度レベルで300〜400gal程度)に対しては人命に損傷を生じない。この場合，構造物としての損傷はそれほどひどくはないが，残留変形が大きく，ドア通路の避難経路が塞がれ，そこに火災が発生し，避難ができない住民が亡くなるといった事態は必要耐震性能を満足して

いるとはいい難い。したがって，構造物に生じる可能性のある残留変形を明確にし，それに対して避難経路を確保すべく，構造設計者以外の関係者の協力も得て，このような事態が生じないようにする必要がある。

　必要耐震性能が二つあることからわかるように，必要耐震性能を考える場合，対象とする地震のレベルとそれに対する性能で規定されることになる。建築基準法で要求している必要耐震性能は最低レベルの耐震性能であるといわれている。1995年に発生した兵庫県南部地震の際，新耐震設計法で設計した中層の共同住宅に被害が生じた。この被害により人命に損傷はなかったが，その被害(損傷)を修復するのにはかなりの経費を要することがわかり，建物の発注者は困惑した。つまり，建築基準法が要求している必要耐震性能は必ずしも国民のコンセンサスを得たものでないことが分かった。これは，ある意味では構造設計者が建築基準法の要求している必要耐震性能について説明責任を十分果たしていなかったともいえる。説明責任を果たそうとすると，当然のことながら，必要耐震性能は必ずしも建築基準法で決めなくてはいけないものではなく（ただし，最低限として確保する必要はある），本来は建物の発注者と相談して決めるべきものだということになる。そこで，建物の必要耐震性能を耐震メニューの形でよりきめ細かく規定する必要が出てきた。なぜなら，建物の発注者は耐震性能のメニューが無い限り決める(選ぶ)事ができないからである。この耐震メニューは，構造技術者だけでなく，一般の人が理解できるものでなくてはならない。そのような耐震メニューは，前述した地震レベルとそれに対する性能(パフォーマンスといわれる)の組み合わせで構成されている。一般の人にもわかるように建物の耐震性能を示した例を表-3.1.1に示す。地震レベルと性能レベルの組み合わせにより，建物の耐震性能はランクわけされる。例えば3種類(基準級，上級，特級)とした場合，表-3.1.2に示すような必要耐震性能メニューができることになる。表-3.1.2にはいくつかの性能が規定されているが，これ以外にも，残留変形，累積塑性変形(疲労破壊)，床レベルの応答加速度(建物内部の家具，設備の転倒，地震時に居住者が感じる恐怖感等に関係する)等を規定することも将来的には考えられる。

　耐震メニューができると，建物の必要耐震性能の選択は，個人の所有になる建物の場合は個人の判断により選ぶことになる。個人の所有ではなく，公共的な建物の場合は，建物の用途により社会的なコンセンサスに基づいて決めることになる。耐震メニューより選択(注文)する場合は，価格がついていないと選択が困難

表-3.1.1　日本建築構造技術者協会（JSCA）の耐震性能レベル[1]

グレード／評価対象	損傷限界状態				安全限界状態	限界超過状態
	機能維持 無被害 修復不要	主要機能維持 軽微な被害 軽微な修復	指定機能確保 小破・小損 小規模修復	限定機能確保 中破・中損 中規模修復	人命保護 大破・大損 大規模修復	保証不能 修復不能
総合評価	建築物の機能がほぼ完全に維持され，主要業務・活動を地震後1週間程度，インフラなどの外部支援なしに継続可能。インフラなどが復旧すれば，ほぼ完全に機能が回復する。	主要な業務を行うための機能が確保され，インフラなどの外部支援が復旧すれば主要業務の再開が可能となる。軽微な修復により，ほぼ完全に機能が回復する。	建築物内での基本的な活動を維持するための，あらかじめ限定された範囲の機能が確保され，避難所として利用できる。インフラなどが復旧すれば，指定された範囲の主要業務・活動が再開できる。修復により機能がほぼ完全に回復する。	業務活動のための機能は失われるが，人命を損なうような被害は生じない。建築物内に立ち入ることが可能で，限定された区画内で，救急活動など必要最小限の緊急対応ができる。機能回復には中規模な修復を要する。	地震時に人命は失われないが，地震後に建築物内に立ち入ることが危険で，緊急対応の活動も不可能。大規模な補強・補修により業務活動は再開できるが，原機能の完全回復は困難。	人命が危険にさらされることが予想されるとともに，外部の施設・人命にも損害を与えるおそれがある。基本的に修復ができない状態となり得る。
構造体　構造骨組	構造骨組に目で見てわかるような残留変形や傾斜が認められない。	ほとんど残留変形がなく，構造強度に対しては影響がない。建築物の機能上の問題を生じない。	若干の残留変形が認められ，耐震性は多少低下するが，余震には耐えられる。	構造骨組の鉛直支持能力は保たれるが，構造強度に影響を及ぼすような残留変形や傾斜が認められる。補修により構造骨組の完全修復が可能。	構造骨組が大きな損傷を破り，大きな変形を生じるが，落床や倒壊は免れる。余震による倒壊の危険性がある。構造骨組の完全復旧は困難で，部分的な解体を必要とする可能性が高い。	構造骨組が甚大な損傷を被り，部分的または全体的に鉛直支持能力を失う危険性が高い。構造骨組の復旧は不可能で解体を必要とする。

表-3.1.2　耐震メニューの例[2]

耐震性能グレード	再現期間が数十年程度の地震荷重に対する要求性能		再現期間が数百年程度の地震荷重に対する要求性能	
	機能性, 被害程度, 修復性	耐震性能指標の要求値 Req	機能性, 被害程度, 修復性	耐震性能指標の要求値 Req
基準級	機能維持 無被害 補修不要	最大層間変形角 $\leq R_d =$ 1/200 (1/120まで緩和可) 柱・梁等主要構造材(ダンパーを除く)の降伏なし ダンパー付き骨組は残留変形が支障のない範囲内	人命保護, 限定機能確保 中破～大破 中～大規模修復	最大層間変形角 $\leq R_d =$ 1/75 ($R_d = 1/50$まで緩和可) 部材の最大変形$\leq R_m = R_u$
上級			指定機能確保 小破 小規模修復	最大層間変形角 $\leq R_d =$ 1/100 部材の最大変形$\leq R_m = R_u/1.5$
特級			主要機能確保 軽微な被害 軽微な修復	最大層間変形角 $\leq R_d =$ 1/150 部材の最大変形$\leq R_m = R_u/2.0$

注）R_d：層間変形角の要求値, R_m：部材の最大変形の要求値, R_u：部材の変形限界

である。一品生産（あるいはオーダーメイド）が原則の建築物の場合は精密な価格は設計・見積もりをしないと決まらないことになり，このことが問題となる。しかしながら，このような耐震メニューに基づく設計が普及するようになると，大体の価格の表示は経験的にできるようになるものと思われる。

持続都市建築システムを考える場合は，耐震メニューの選択に当たっては，価格の設定を広範囲な視野にたってする必要があることが当然で，そのことが持続都市建築システムと耐震設計を関係付ける接点となる。すなわち，リサイクル性，CO_2問題に代表される環境問題の価格への変換といった問題がある。中でも，建物の寿命が重要であるが，これから設計する新築建築物の場合，建物の構造は寿命と役割の異なるインフラスタクチャーとサブストラクチャーに分けて考え，異なる耐震メニューのもとに設計を行うのも一つの方法である。このような構造設計法の開発は今後の課題である。

以上は，条件(A)式の右辺の必要耐震性能についての説明である。次は左辺の保有耐震性能の評価法について述べる。これは多分に技術的問題である。必要耐震性能が決まるとそれを上回る保有耐震性能を有するような建物を設計する必要がある。必要耐震性能が多くあると，例えば，そのうちの一つの必要性能を満足

するように建物の構造設計を行い,残りのいくつかの必要耐震性能に対しては,設計の終わった建物の対応する保有耐震性能が(A)式を満足するかどうかの検証を行うという方法を取ることも考えられる。あるいは,構造設計上一番厳しい要求と思われる必要耐震性能(例えば極稀に来る大地震に対する必要性能)を満足するように,かつ他の必要耐震性能を適切に配慮しながら設計すれば,自動的に中小地震に対する必要耐震性能を満足するであろうという設計法もある。また,経験的な方法でおおまかな設計を行い,多数の不等式からなる(A)式を満足するように試行錯誤的に最適設計を行うことも考えられる。必要耐震性能が詳細になるほど保有耐震性能の評価と検証の作業は困難なものとなり,構造技術者には高度の技術が要求される。例えば,**表-3.1.2**に示す耐震メニューにある必要耐震性能を満足する建物の設計時における保有耐震性能の評価と検証は,従来は高層建築物の設計のみに採用されてきた「動的設計法」の一般建物への採用を前提としている。これは,コンピュータのハードとソフトの両面における進歩,耐震工学(記録地震波の蓄積),構造工学(各種構造部材,部分骨組,骨組,建物全体の力学的性状に関する実験データの蓄積)の進歩により可能となったものである。なお,コンピュータの進歩は,そのこと自体は構造技術者にとっては恩恵であるが,一方では弊害も生じている。これについては後述する。

3.2 日本における建築構造の耐震設計法のあゆみ

3.2.1 建築基準法の性質

前節の**表-3.1.2**に示した耐震メニューをもとに必要耐震性能を設計者と発注者の合意のもとに決め,動的設計法を用いて評価した保有耐震性能が条件(A)式を満足するかどうかを検証する設計法は,現時点においては非常に進んだ設計法だといえる。現実的には,建築基準法に規定されている必要耐震性能を設定し,同じく建築基準法で規定されている「仕様規定」や「静的水平力を用いて計算する形式的な手続き」により評価した保有耐震性能が必要耐震性能を上回るように「構造計算プログラム」を用いて設計(あるいは計算)しているのが実状である。建築基準法は必要耐震性能と,それを担保するための「形式的な手続き」を主として規定している。しかし,建築基準法の要求する必要耐震性能は時代とともに変わって

きている。これは，構造設計技術が進歩していない場合，妥当と思われる必要耐震性能を設定してもそれを検証する方法が開発されていない場合，そのような必要耐震性能を規定することは法律としてはできないからである。また，前節で述べたように必要耐震性能は地震レベルに応じて決められるものであるが，建物の耐用期間中に生じるかもしれない，あるいは極稀ではあるが生じる可能性が無いとはいえない地震のレベルをどのように設定するかは，現在でも困難な問題で，現在の建築基準法で想定している地震レベルがこれから先変わらないという保証はない。つまり，より高い必要耐震性能が要求されるようになることも有り得るわけである。これは，耐震工学が「経験工学」であることによる。我々は，過去に生じたいくつかの大地震とその被害の調査により得られた貴重な教訓をもとに耐震設計を行っているといえる。したがって，建築基準法も時代とともに変わっている。ここでは，あまり古い時代まで遡らず本章の主題である耐震診断に深く関係する第二次世界大戦後の建築基準法の変遷について述べることにする。また，構造物としては低層(6層程度以下)鉄筋コンクリート構造(以下，RC構造と書くこともある)を主として念頭において説明する。

3.2.2 旧建築基準法（1981年以前）

戦後，戦前の市街地建築物法が建築基準法と名称が変わったが，耐震設計に関する内容は両者でそれほど変わっていない。1950年に公布された建築基準法で要求している耐震設計法は，前節で述べた条件(A)式の観点からすると，以下のようにいうことができる。

① 必要耐震性能：静的に置き換えた地震力(原則として建物重量の20％の水平力)を構造物に加力し，弾性理論を用いて求めた応力(水平荷重時応力)と常時加わっている長期荷重時応力(鉛直荷重時応力)との和により，短期荷重時の応力を求め，この応力に対して構造部材が損傷しないこと。

② 保有耐震性能：主要な柱，梁，耐震壁部材に関して，(非線形)弾性論に基づく断面解析を行い，コンクリートと鉄筋の最大応力が短期の許容応力度(建築基準法で規定されている)以下であれば，その部材の損傷は無いと考える。安全率は許容応力度設定時に導入されていると考えられている。

以上が，簡単に述べた旧建築基準法の耐震設計法の内容である。戦後に規定された建築基準法の構造関係の法令はいくつかの小改定の後，1968年の十勝沖地

震時に生じた地震被害をきっかけに抜本的な改正の検討作業が始まり，13年後の1981年になされた。すなわち，十勝沖地震により旧建築基準法の不備が明らかになったわけである。旧建築基準法の持つ不備を必要耐震性能の規定と保有耐震性能の規定に分けて述べると以下のようにいうことができる。

① 必要耐震性能の不備：必要耐震性能で規定している地震力は「大地震」なのか「中小地震」なのかが明確でない。当時の実務者は大地震のことであると考えていたと推測するのが自然であろう。ただし，建築構造の研究者や地震学者もそう考えていたかは不明である。地震荷重の不明確さは許容応力度に含まれる安全率でカバーされると考えていたかもしれない。また，RC構造建物は低層で剛な建物であるので，地震による振動モードや増幅率はそれほど問題ではないと考えていたかも知れない。実際に生じた十勝沖地震の（等価水平力）は，旧建築基準法で規定しているそれよりもはるかに大きなものであることは明らかであった。必要耐震性能を小さく設定していたので，地震被害が出たのは当然であった。これが，「耐震工学」は「経験工学」といわれるゆえんである。通常，よくわからない問題がある場合は，技術者はignorance factor と呼ばれる安全率を導入するものであるが，大地震の破壊力は，ignorance factor をはるかに凌駕するものであったともいえる。

② 保有耐震性能の不備：旧建築基準法で構造設計が行われていた当時は，すべて手計算で行われたため，建物はあるがままではなく，手計算が可能な程度に簡単にモデル化されて構造設計が行われた。小野薫博士，田中尚博士の共著になる「建築物のリミットアナリシス」[3]が出版されたのは1956年のことである。この本で紹介された塑性理論，極限解析法によれば，建物は補強して弱くなることは無いといえる。この理論を正しく理解しないと，建物にある腰壁，たれ壁を無視して「柱，梁よりなる整形なラーメン」にモデル化して構造計算しても安全側であると認識することになる。しかし，塑性理論の前提条件は材料，断面，部材，骨組の塑性変形能力は無限にあるということである。せん断破壊を生じるRC柱が，この前提条件を満足しないのはもちろん，脆性的な破壊をすることはその当時ほとんど知られていなかった。

前述したように，旧建築基準法による構造設計は弾性理論を用いた骨組解析と断面設計により行われていいた。後に問題となる当時のRC部材のせん断設計手法について簡単に述べる。1971年以前のコンクリートの短期許容せん断応力度

は$(1/15)F_c$(F_cはコンクリートの設計基準強度)である。この値は，RC梁のせん断耐力時におけるコンクリートの負担せん断力をbj(bは梁の幅，jは応力中心間距離で有効せいdの$7/8$)で除した平均せん断応力度の下限値として規定されている現在の短期許容せん断応力度$(0.75 + 0.015F_c)$とそれほど変わらない。$F_c = 21\text{N/mm}^2$以上の高強度コンクリートの場合は旧基準の許容せん断力がかなり大きくなる。また，許容せん断応力度を超過する場合は，全せん断力をせん断補強筋(帯筋，あばら筋)で補強することになっていた。しかしながら，大地震時に部材に加わるせん断力よりもかなり小さい短期の設計用せん断力を用いて設計していたため，計算上はコンクリートの短期の許容せん断力以下に収まる場合が多く，その場合のせん断補強筋は算定外の規定(0.75D以下かつ300mm以下)により配筋されていた。すなわち，ほとんどの柱と梁のせん断補強筋は9ϕの丸鋼が300mm間隔で配筋されていた。このような少量のせん断補強筋しか有しない柱部材のせん断破壊が非常に脆性的なことが分かったのは十勝沖地震直後のことであった。

設計時に仮定する水平力以上の水平力が建物にはいることが無いと仮定する許容応力度設計法においては，部材の破壊モードについて設計者が考えることは無い。しかしながら，十勝沖地震後の研究で明らかにされたように，大地震時には，非常に大きな水平耐力を有する建物(例えば壁式構造建物)以外は，建物が破壊するまで(あるいは降伏機構を形成するまで)水平力が加わることになる。その場合，柱あるいは梁は，大別すると「曲げ破壊」か「せん断破壊」することになる。十勝沖地震の被害例を見ると，柱がせん断破壊を生じて建物が崩壊する例が顕著であった。

上述したような十勝沖地震による被害を踏まえ以下のように建築基準法が改正された。
① 1971年：せん断設計法の改良，コンクリートの許容せん断応力度の改正，せん断補強筋の算定外の規定(大雑把に述べると，せん断補強筋の間隔は原則として柱は100mm，梁は250mm以下とする)の改正
② 1980年：新耐震設計法の公布
③ 1981年：新耐震設計法の施行

新耐震設計法の施行後に設計・施工された建物は十勝沖地震の被害より得られた教訓の恩恵を受けることになり耐震性能の高い建物となった。そのことは1995

3.2.3 新耐震設計法

新耐震設計法の全体の流れを**図-3.2.1**に示す。**図-3.2.1**の流れの説明を少し長くなるが，文献4)よりそのまま引用する。新耐震設計法が公布された当時の主旨が簡潔に記述されているからである。

「建物は，主として高さにより4段階に分けてある。①の中には高さ20m以下の鉄筋コンクリート造建物で，壁式鉄筋コンクリート構造や，通常の鉄筋コンクリート造で柱をかなり太くし，耐震壁をかなり大量に配置したものが含まれる。これらの建物では，ほぼ従来通りの方法による耐震設計(耐震一次設計と呼ぶ)を含む通常の構造計算をするだけでよく，以下に述べる耐震二次設計はしない。これは，従来の地震被害の経験から，これらの壁の多い建物は十分強度があって安全なので，とくに設計法を変える必要がないと考えられるためである。この流れをルート1という。

高さ20mを越えるもの，および20m以下でもルート1の条件を満たさないものは②に属し，耐震二次設計をしなければならない。鉄筋コンクリート造ではほ

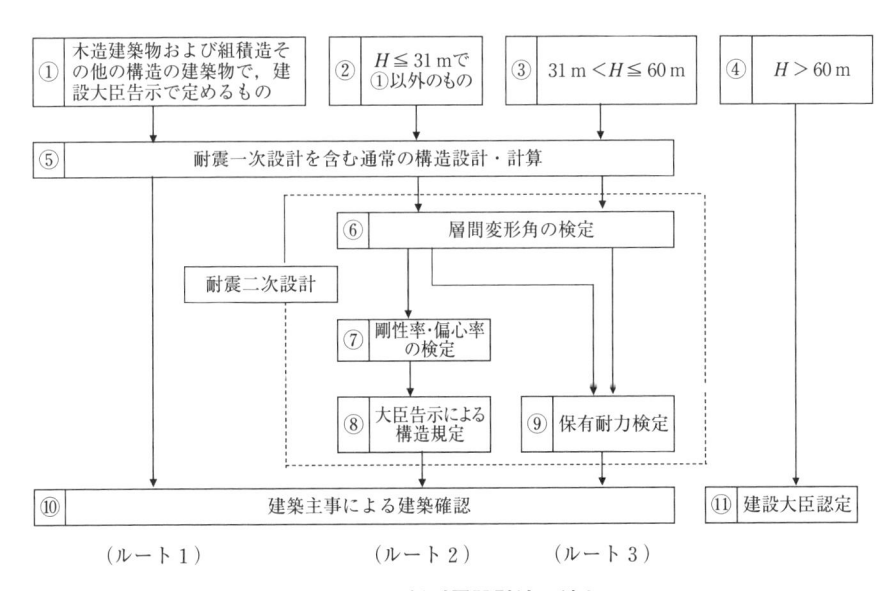

図-3.2.1 新耐震設計法の流れ

とんどないが，高さ31mを越える③の建物も，耐震二次設計を行う。ただし60mを超える④の建物は，日本建築センター高層建築物構造評定委員会の評定を受け，これに基づいて建設大臣の特認を受ける。

　②，③の建物では，⑤の構造設計が終わったあと，耐震二次設計を行う。その内容はまず⑥の層間変形角の検定を行い，そのあと③の建物では⑨の保有耐力検定に進むが，②の建物では⑨の保有耐力検定を行ってもよいし，またその代わりに⑦の剛性率・偏心率の検定と⑧の構造規定の確認だけですませてもよい。⑦，⑧のルート（ルート2と呼ばれる）は⑨の保有耐力検定（ルート3）を一部の建物について免除するための例外的な規定と考えるべきものであり，耐震二次設計の主体は保有耐力（正確には保有水平耐力）の検定にある。これは要するに，耐震一次設計を含む通常の構造設計・計算が終わって配筋が決まった建物について，簡略化した極限解析を行って，その建物が実際に持っている保有耐力と破壊モードを算出し，これらが，別途に検討する建物の塑性変形能力－ねばり－と比較して適当かどうかを検定するものである。」

　以上が，文献4）からの引用である。つまり，「新耐震設計法」においては，建物の設計はほぼ従来通りの方法で行われるわけであるが，それだけでは十勝沖地震時の震害例からも推測されるように，十分な耐震性能を有しない建物になっている可能性があるので，それを二次設計でチェックするわけである。二次設計で不合格と判定される場合は設計変更しなければならない。二次設計には設計という言葉が使われているが，設計は一次設計で終了しているので，診断（あるいは性能検証）という言葉のほうがふさわしい。別のいいかたをすると，一次設計は中地震（地動加速度80〜100gal）に対する使用性能確保（損傷防止）のための設計であり，二次設計は大地震（地動加速度300〜400gal）に対して最終的に建物崩壊による人命の保護を図るための性能検証である。

　その後，1998年6月に建築基準法が改正され，2000年6月には全面的に施行されるようになった。この基準法改正は3.1節で述べた性能規定化へ踏出したもので，1998年以前の基準に比べ，構造設計の自由度を広げたばかりでなく，さまざまな合理化がなされており，建築物の構造設計に大きな影響を与えるものとなっている。改正基準法では，従来の計算ルートに加え，仕様書的基準によらなくてもよい新たな検証ルートとして限界耐力計算法が位置づけられている。また，限界耐力計算法等と同等の検証方法も認められる道筋もつくられている。し

かしながら，実際は新耐震設計法による設計が行われているのが現状である。また，2005年には，構造設計における保有耐震性能の評価の信頼性を根底から揺るがす，いわゆる「耐震偽装事件」が発覚し，2007年には建築基準法告示の改定が行われることになった。

3.3 耐震診断の意義

3.3.1 耐震診断の必要性

建物の耐震設計を行う場合に満足すべき必要条件は前節で述べた条件(A)である。

$$\text{保有耐震性能} \geq \text{必要耐震性能} \tag{A}$$

建物は，通常条件(A)を満足するように設計される。これまでの耐震設計においては，必要耐震性能は建築基準法をもとに設定されてきた。建築基準法は必要耐震性能を「性能」の形で規定することが望ましいが，必ずしもそうではなく，これまでの建築基準法は「仕様規定」や「形式的な手続き」として規定される場合がほとんどであった。

設計・施工された当時は条件(A)を満足した建物であっても，時間の経過とともに条件(A)を満足しない場合が生じる。その例として，以下の場合が考えられる。

1. 必要耐震性能が変わった場合

条件(A)を満足するように設計した建物が，地震により被害を生じた場合は，保有耐震性能の評価法が妥当でなく，実際よりも小さく評価していた場合と，必要耐震性能の設定が不適切だった場合の二つが考えられる。十勝沖地震によりRC構造建物(とくに低層の学校校舎建築)に多くの被害が見られたが，この原因については3.2節でも述べた通り主として後者の場合であることが分かった。そのため，十勝沖地震では，死者数50名，全壊建物総数928棟，半壊棟数4 969棟という惨事が生じた。この教訓を基に建築基準法が新耐震設計法に改正されたが，主な改正点は3.2節において述べた。簡潔に要約すれば，新耐震が施行される1981年より前に設計施工された建物は極稀に来る大地震に対する配慮がほとんどなされていなく，現在の建築基準法が要求している必要耐震性能を満足してない可能性があるといえる。

2. 保有耐震性能が変わる場合

　保有耐震性能は必要耐震性能に対応して決められるものであるから，必要耐震性能が変われば当然のこととして変わることになる。しかしながら，必要耐震性能が同じであっても，保有耐震性能が変わることがある。これは，実質的に変わる場合と，形式的に変わる場合の二つがある。実質的に変わる場合は，竣工時の建物と保有耐震性能を評価する時点での建物が変質している場合である。これにはいろいろな原因があるが，① 建物の材料の力学的特性が劣化している，② 建物が経年変化により不同沈下，クリープ変形，ひび割れを生じている，③ 建物が改装などによりその構造特性が変わっている，④ 建物の用途が変わり積載荷重の大きさが変わっている，などの原因が考えられる。形式的に変わる場合とは，保有性能を評価する方法が変わった場合である。これは，理論の進歩や（コンピュータの使用などによる）計算手法の進歩がある。理論の進歩は，不明なことに対して技術者が本能的に取り入れる安全率（ignorance factor）を小さくする（実際の保有性能をより精度よく評価する）ことになるので，理論の進歩により保有性能は形式的に上昇する場合が多いが，鉄筋コンクリート梁のひび割れせん断耐力（保有性能の一種である）のように，必ずしもそうでない場合もある。前述した③，④の原因は，建築基準法的にはあってはならないことであるが，あってはならないことも想定する必要があるのが工学である。材料の力学的性状が，建物竣工時に必要性能を満足していない場合もある。例えば，コンクリートの圧縮強度が設計基準強度を満足していない場合や，設計時に想定した規格とは違う鋼材が用いられた場合などである。あってはならないことであるが，このような場合は前述した①の原因に含めて考えることにする。

　起きてはならないことは起きないと考えるか，人間のやることであるから起きることもありうるとの前提で対策を考えるかの問題がある。従来は，構造設計者は意図的な「建築基準法違反」は犯さないという，いわゆる「構造技術者性善説」が世の中の常識であった。しかしながら，2005年に生じた「耐震偽装事件」や，それに関連して行われた一連の調査・研究により明らかにされた「不適切な耐震設計により設計された建物の存在」の問題が出てきた。このように「不適切あるいは違法な手法により設計された建物」は，条件（A）を満足していないことになる。このような建物は，竣工した時点で「違法建物」である。それに対して，前述したように，竣工した時点では「合法的な建物」であるが，その後建築基準法の要求する

(仕様規定を含む)必要耐震性能が改定されたため結果的に違法建築となるような建物は「既存不適格建物」と呼ばれる。

すでに建って使用されている建物が，建物が満足すべき条件(A)を本当に満足しているかどうかについて疑義が生じた場合は，設計時に検証されたはずの条件(A)を再度検討する必要がある。これが耐震診断である。耐震診断とは，設計ではなく診断である。上述したように，不等式で表される必要条件(A)の右辺も左辺も建物竣工時以降に変化するものであるから，耐震診断の必要性は高いし，その方法も時代とともに変わるものである。「診断」という用語は医学用語として普及しているが，医学の場合「診断」には必然的に「要治療」という結果を伴うことがある。建物の場合は「要耐震補強」といわれる。

3.3.2 耐震診断の基本的な考え方

耐震工学は経験工学であることを前節で述べた。1968年5月に発生した十勝沖地震の地震被害を通して得られた貴重な教訓は，地震の翌年の1969年に出版された文献5)に掲載された「鉄筋コンクリート構造物の耐震対策」に良くまとめられている。ここでは，本章に関係する一部を引用する。1969年当時は，コンピュータが耐震構造学の研究に用いられるとともに超高層建築も普及するようになり始めた頃で，動的解析の方法も開発され始めた時期でもあり，引用する解説はその成果も踏まえた上での解説となっている。

「**図-3.3.1**は健全に設計された建物の水平耐力と水平たわみ(部材角であらわ

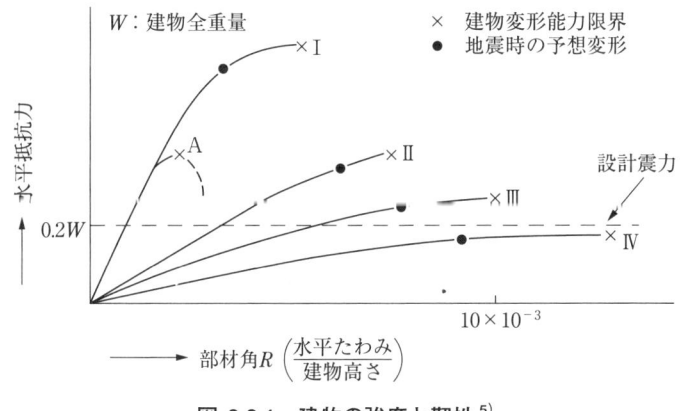

図-3.3.1 建物の強度と靭性[5)]

す)の関係を模式的に示したものである(図中の×印は健全に設計された建物の変形能力限界, ●印は地震時の予想変形を示す)。超高層以外の建物では, 材料の品質・強度が確保され, 構造物各部の許容耐力が設計応力を確実に上回っていれば, 水平抵抗力は(建築基準法で規定されている水平力である)建物重さ W の0.2以上あるはずである。図-3.3.1に健全な建物が4タイプ示されているが, それは, 以下のような建物である。

　Ⅰ型：壁が多く剛性が高い建物
　Ⅱ型：壁がある程度あるか, または剛性と変形能力のある建物
　Ⅲ型：壁がない純ラーメン構造の建物
　Ⅳ型：超高層建物では水平耐力が $0.2W$ 以下でも安全である。

　図-3.3.1においてなんらかの原因で建物の変形能力限界(×印)が低下していて地震時の変形がこれを上回れば破壊が起こる。例えば, Ⅰ型のようなかたい建物でも変形能力限界が●点より少ないA点にある場合には, 例え抵抗力が設計用地震力に比べてかなり高くても破壊する。」

　以上が, 文献5)からほとんどそのまま引用した文章である。十勝沖地震で破壊したRC構造建物がかなり多かったが, 同じような地震動を受けても被害が微少で済んだ, 上記のⅠ型からⅢ型に分類される健全な建物のほうがより多かったのが事実である。このような教訓をもとに改正された建築基準法が3.2節で述べた1981年施行の「新耐震設計法」である。

　図-3.3.1に示す健全な建物のうちⅠ型は強度・剛性が大きく大地震時にほとんど弾性的に挙動する建物である。入ってくる地震力は大きいが, 変形は小さい。Ⅲ型は, 強度が小さいため大地震時には塑性域に入り, 変形は大きくなり, 場合によっては地震後の残留変形が大きくなる建物である。強度が小さく地震時の最大変形が大きくなりすぎたり, 地震後の残留変形が大きくなりすぎたりすると, 性能設計の観点からはもはや健全な建物とはいえなくなる。さて, 弾性的に挙動する建物と塑性域に入る建物の応答性状の関係であるが, 建物の地震応答に関する動的解析研究が行われ始めた当初にNewmarkにより見出された経験則として有名な, エネルギー一定則(図-3.3.2参照)という考え方ある。図-3.3.2には2種類のタイプの建物の初期剛性を同じとして示している。すなわち弾性応答する強い建物と, 地震時には塑性化する建物の2種類で, いずれも理想化されている。一つは原点を通る直線で表される建物(Ⅰ型の建物)で, 他の一つは建物が耐力に

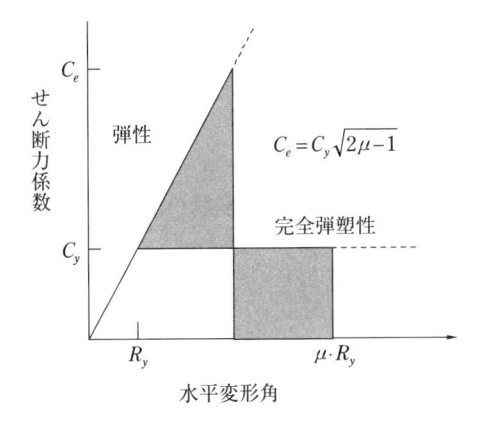

図-3.3.2 エネルギー一定則

達するまでは原点を通る直線であるが，耐力に達した以降は耐力を一定に保持したまま変形のみが進むことを意味する水平な直線の2本で表される完全弾塑性型と呼ばれる建物（Ⅲ型の建物）の2種類である。**図-3.3.2**の縦軸は建物の水平力を建物重さで除したせん断力係数（あるいは水平震度）という無次元量であり，横軸は建物の水平変位を建物の高さで除した水平変形角である。実際の建物は層数が増すと複雑な地震応答をするが，**図-3.3.2**は等価な1自由度の建物（1層建物）に置換し，地震時の最大応答時の水平力と水平変形角に注目して，そこに至るまでの挙動を，建物に静的に水平力を加えた場合の水平力と水平変形角の関係として示している。エネルギー一定則とは，**図-3.3.2**に示す2種類の建物の最大応答時に至るまでの力と変形の関係と横軸で囲まれる面積が等しいという法則を意味している。**図-3.3.2**では，共通する面積部は等しいから除外すると，ハッチしている部分の面積が等しいことを意味している。無次元化されてはいるが，**図-3.3.2**の縦軸は力であり，横軸は変位を意味しているから面積はエネルギーを意味している。エネルギー一定則を言葉で説明すると次のようになる。

　地震時の（一質点系に簡略された）建物の最大応答は，弾性応答する建物に蓄えられる最大弾性ひずみエネルギーと，耐力に達して塑性化する建物に蓄えられる弾性ひずみエネルギーと吸収（あるいは消費）される塑性エネルギーの和に等しい。したがって，弾性応答する場合の最大せん断力係数を C_e とすると，強度時のせん断力係数が C_y のⅢ型建物の最大応答変形角 R_{max} は C_e と C_y の比である F 値（$F = C_e/C_y$）と強度に達した時の部材角（降伏部材角）R_y により求めることがで

きる。このことを数式表示すると式(3.1)で表され，式(3.1)で定義したFは靭性指標と呼ばれる。

$$F = \sqrt{2\mu - 1}$$
$$\mu = R_{max} / R_y \tag{3.1}$$

式(3.1)のμは靭性率といわれるもので，応答最大変形と建物の強度時(あるいは降伏時)の変形との比で定義される。図-3.3.2に示すエネルギー一定則は，建物の変形能力は無限にあるという仮定を用いた動的解析を行って得られたものであることは注意を要する点である。

　エネルギー一定則をいい換えると，強度の小さい建物は地震時に大きな変形を生じるし，強度を強くすれば，それに応じて応答最大変形は小さくなり，ついには弾性応答をするⅠ型の建物となる。

　弾性応答する場合に生じる最大応答せん断力係数としてどの程度を想定するかが重要な問題になるが，影響因子としては，「地震動の大きさ」，「建物の1次固有周期」，「地盤の性状」，「減衰係数」，「地域係数」などがある。新耐震設計法では，これらの諸要因を考慮して，弾性最大応答せん断力係数の値が決められている。本章で対象としている低層建物のように，固有周期が小さい場合は，大地震時のせん断力係数の値としては，1.0の値を取ることになっている。ただし，過去の地震の活動歴からみて，地震の来る確率の小さい地域は0.7(沖縄のみ)，0.8，0.9倍に減じることができる。東京，名古屋，大阪などを含む日本の大部分の地域では地域係数が1.0で，大地震時に弾性応答するような低層建物には，建物の重量と同じ水平力が1層にかかると考えることになっている。もちろん，大地震時に完全に弾性応答するような建物はまれで，何らかの塑性変形が生じてエネルギーを吸収するので，大地震時のせん断力係数は1.0より小さな値を考えて設計することになる。そのような設計を行うプロセスが，新耐震設計法での二次設計である。前節でも述べたように，二次設計は設計というよりも，本章で述べる診断に近い。新耐震設計法の二次設計や本章で述べる耐震診断を行う場合の基本的な原理がエネルギー一定則である。すなわち，大地震時に人命に損傷を及ぼさないような建物は，「大きな水平耐力を有する建物」か「水平耐力はそれほど大きくないが，大きな水平変形を生じても倒壊しない建物」に2分類できるが，現実には両者の中間の性状を有する建物が多い。水平耐力とエネルギー吸収性能の両方を適切に兼ね備えた建物が耐震性能を有すると判断されることになる。

3.4 耐震診断法

3.4.1 耐震診断基準とその基本方針

建物の耐震診断は，対象建物が以下の条件(A)を満足しているかどうかを判定する作業を意味する。

　　　保有耐震性能 ≥ 必要耐震性能　　　　　　　　　　　　　　　　（A）

必要耐震性能としてどのような性能を考えるかにより，保有耐震性能の評価法も違ってくる。したがって，耐震診断手法も異なってくる。ここでは，「大地震時に人命に損傷を及ぼさないような建物である」ことを必要耐震性能であると考え，中小地震に対する必要性能は保有していると考えられる既存の低層RC構造建物を対象に考えられた耐震診断法について，その概要を述べることにする。

日本における耐震診断は日本建築防災協会の「鉄筋コンクリート造建物の耐震診断基準」[6]（以下，耐震診断基準と書く）に基づいて行われる。この基準は1977年に制定され，2001年に改正されている。地方によって異なるが，2003年以降の耐震診断には新しいバージョンが用いられるようになった。この基準は低層RC造建物を対象としたものである。診断法は次の3種類の方法がある。

- 1次診断（簡易診断法）
- 2次診断（通常診断法）
- 3次診断（精算法）

1次と2次の診断法は建物の層崩壊に対する耐震性能を評価するもので，梁は剛強で降伏しないという仮定のもとに行われる。3次診断は精算法で，建物を梁も含めてモデル化し，漸増水平荷重増分静的解析というコンピュータを駆使したやや高度な解析を行う。現在，主として2次診断が広く用いられていることから，ここでは，2次診断のみについて解説する。

建物の耐震性能は，梁が剛強と仮定されることから，建物各階，各方向(2方向)について独立に求まる一つの指標（I_s 値と呼ばれる）で評価される。I_s 指標は式(3.2)により与えられる。

$$I_s = E_O \times S_D \times T \tag{3.2}$$

ここで，I_s：構造体の耐震性能を表す指標で，構造耐震指標と呼ばれる。

　　　　E_O：建物が保有している基本的な耐震性能を表す指標で，強度指標 C,

靭性指標 F および外力分布による補正係数から算定する。保有性能基本指標と呼ばれる。

S_D：建物の平面，立面形状または剛性の平面，立面分布を考慮して保有性能基本指標を修正する指標で，形状指標と呼ばれる。

T：建物の経年変化により，保有性能基本指標 E_0 を修正する指標で，経年指標と呼ばれる。

I_s の評価は，エネルギー一定則の基本概念を用いる。すなわち，① 強度抵抗型，② 靭性抵抗型，③ 混合型の三つの型のいずれの建物に対しても，それぞれに対応した I_s (あるいは E_0) を評価できる方法を規定している。強度抵抗型の耐震性能と靭性抵抗型のそれとの関係は式 (3.1) で与えられるが，混合型の建物の耐震性能評価に際しては工夫が必要で，その定式化の方法に耐震診断基準の特徴がある。耐震診断基準が要求する必要耐震性能は，「大地震時に人命に損傷を及ぼさないような建物である」と考えて良い。したがって，以下の二つの用語がキーワードとなる。

① 第2種構造要素：水平力に対してはその部材の破壊は許容できるが，その部材が破壊した場合にそれまでに支持していた鉛直力（軸力）をこれに代わって支持する部材がその周辺にない鉛直部材のことである。水平力に対してその部材（主として柱）がせん断破壊，あるいは曲げ破壊しても，軸力を支持する能力（残存軸耐力）がある場合や，当該柱に取り付く梁などで軸力支持能力に余裕のある隣接鉛直材に軸力を伝達することができ，その結果長期荷重時の軸力を支持できる場合は第2種構造要素とはならない。したがって，残存軸耐力の評価や梁による軸力伝達能力，隣接材の軸力支持能力などを検討する必要がある。

② 構造物（層）の終局限界：地震力によって鉛直荷重を支持する部材（柱）が破壊することによって構造物の全部または一部で軸力を保持できない状態，または水平耐力が一定以下に低下して不安定な状態に達する時の層間変形角，あるいはこの変形角に対応する柱部材の靭性指標のことを意味する。前者は第2種構造要素が出現した時点を指す。後者はエネルギー一定則の観点からは，式 (3.1) の F 値に上限値を設けることを意味している。

耐震診断基準に基づく耐震診断においては，建物の耐震性能を終局限界に達する以前の状態で評価することが重要な基本原則である。以下に，I_s 値を求めるために必要となる各指標値の算定法を耐震診断基準をもとに簡単に解説する。

3.4.2 耐震診断基準の概要

(1) 保有性能基本指標 E_O

a. 鉛直部材の分類

　建物の各階，各方向の耐震性能は，層の耐力と変形性能に基づいて評価される。層の耐力と変形性能は，各部材の荷重－変形関係より求めることができる。したがって，各種鉛直部材の荷重－変形関係を求める必要がある。鉛直部材は次の5種類に分類され，その荷重－変形はそれぞれ**図-3.4.1**に示すように与えられる。各部材の荷重は水平荷重である。また，変形は部材の水平変位を梁の階高(梁の中心間距離)Hで無次元化した層間変形角Rである。

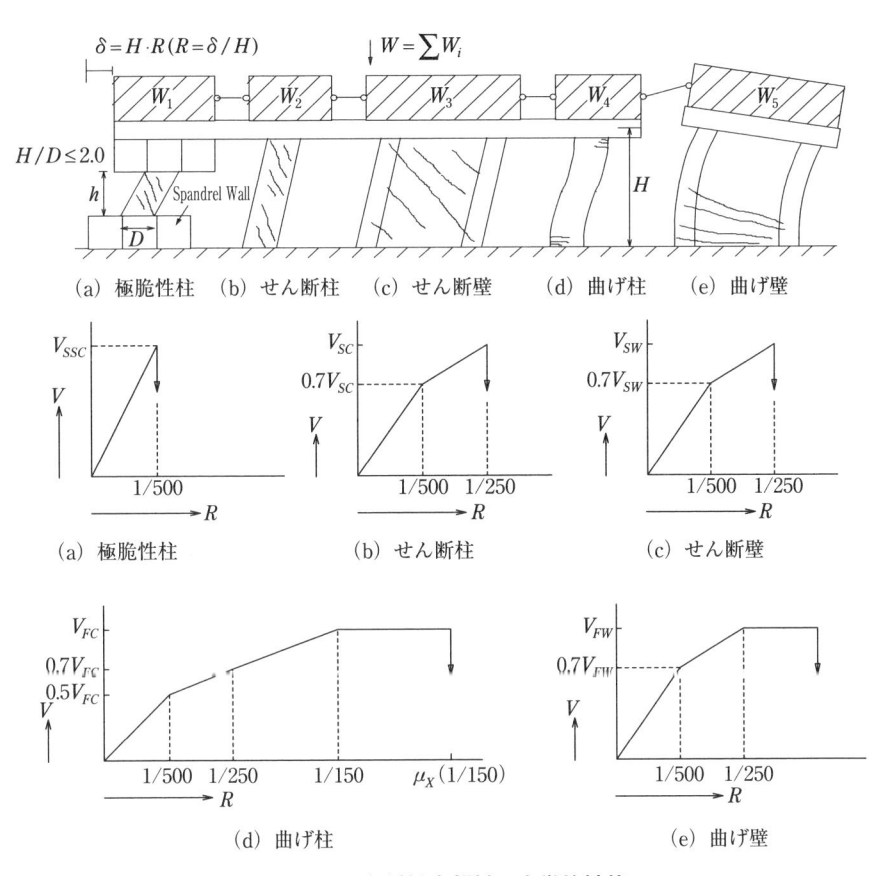

(a) 極脆性柱　(b) せん断柱　(c) せん断壁　(d) 曲げ柱　(e) 曲げ壁

(a) 極脆性柱　(b) せん断柱　(c) せん断壁

(d) 曲げ柱　(e) 曲げ壁

図-3.4.1　各種鉛直部材の力学的性状

① 極脆性柱(**図-3.4.1**(a))：柱内のり寸法と柱せいの比が2以下の短柱のうち，せん断破壊が曲げ降伏より先行する柱
② せん断柱(**図-3.4.1**(b))：せん断破壊が曲げ降伏より先行する柱
③ せん断壁(**図-3.4.1**(c))：せん断破壊が曲げ降伏より先行する壁
④ 曲げ柱(**図-3.4.1**(d))：曲げ降伏がせん断破壊より先行する柱
⑤ 曲げ壁(**図-3.4.1**(e))：曲げ降状がせん断破壊より先行する壁

なお，**図-3.4.1**では，せん断柱の破壊時の部材角(R_{su} = 1/250)と曲げ柱の降伏時の部材角(R_{my} = 1/150)が定数(典型的な場合の値)として書いてあるが，実際には柱の構造条件により値が異なり，**図-3.4.2**に示すような変数として設定する。

この変数の値の決め方は診断基準に詳細に規定されている。**図-3.4.1**においては，せん断破壊する柱や壁は，最大耐力に達すると一瞬にして耐力がゼロになるような荷重－変形関係となっているが，実際はそれほど脆性的ではない。ただし，荷重－変形関係が負勾配となると建物としては不安定な挙動をするようになり危険となることや，単純化のため**図-3.4.1**に示す各部材の荷重－変形関係をもとに建物の耐震性能を診断するようにしている。**図-3.4.1**には，5種類の鉛直材の荷重－変形関係が示されている。この荷重－変形関係をもとに，建物各層，各方向の荷重－変形関係(あるいはそれと等価な関係)を評価することができる。すなわち，同一変形時の各要素の荷重(水平力)を累加すればよい。このことは，各鉛直部材の同一層，同一方向の部材角は常に同一であることを前提としていることを意味する。これを「ねじれ無視の剛床仮定」と呼ぶ。実際には，建物のねじれ運動により床スラブに回転が生じたり，細長い床スラブの場合に生じるスラブの

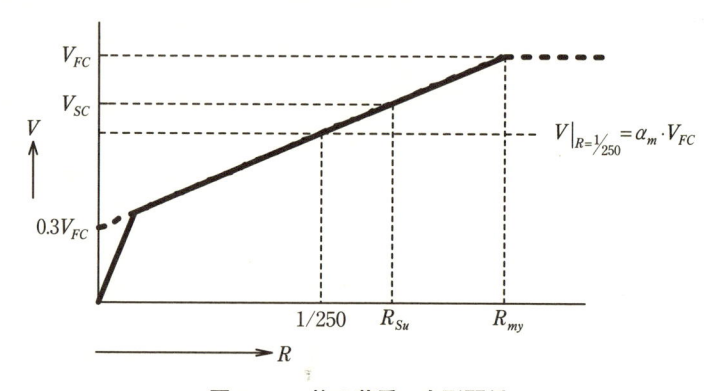

図-3.4.2　柱の荷重－変形関係

面内変形が生じたりすることにより、「ねじれ無視の剛床仮定」は成立しない場合が多い。このような現象が建物の耐震性能に及ぼす影響は、後述する形状指標 S_D により大局的に評価する手法が規定されている。

図-3.4.1、図-3.4.2 に示す5種類の鉛直部材の荷重－変形関係の形状が非常に異なるため、建物の各層、各方向の荷重－変形関係は、その建物に含まれる鉛直部材の種類と数によって異なる。以降、b.項から f.項において典型的な建物の1層における荷重－変形関係とそれに基づく I_s 指標値の求め方を解説する。なお、耐震診断基準では、どのタイプの建物も統一的に説明できる方法が取られている。

建物の I_s 値は、構造物(層)の終局限界に達する時の靱性指標 F の値以下で評価する必要がある。そのため、耐震診断基準においては後述する式(3.15)を満足することを必要条件としている。水平変形角のいずれの値においても式(3.15)を満足する点を見出せない建物は、必要耐震性能を満足していないと判定される。その場合、以下の節で述べる方法により求めた I_s 値は、単なる参考値と見なされる。第2種構造要素が発生する以前の変形状態で I_s 値を評価するという条件は非常に重要なので、必要な所で繰返し述べることにする。

b. せん断破壊する柱と耐震壁よりなる RC 造建物の E_O

本節で述べる建物はせん断破壊する柱と耐震壁よりなる建物で、強度抵抗型建物と呼ばれる。これらの部材からなる建物の1層の荷重－変形関係は、各部材の荷重－変形関係(図-3.4.1 と図-3.4.2 を参照)を累加することにより、図-3.4.3 のように表される。図-3.4.3 において水平荷重は建物の全重量で無次元化されてい

$$C_0 = \frac{\sum V_{SW} + \sum V_{SC}}{W} = \sum C_{SW} + \sum C_{SC}$$

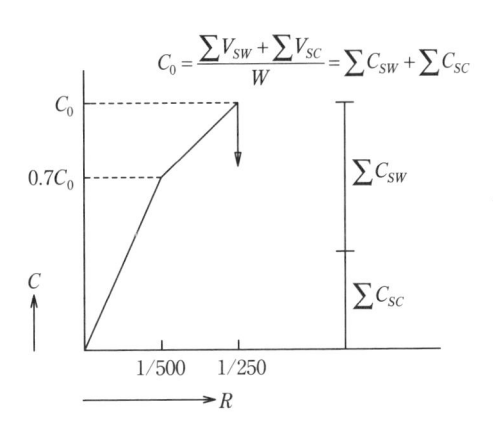

図-3.4.3 せん断破壊する柱と壁耐震壁からなる建物の性状

る。したがって，縦軸の最大値はベースシアー耐力係数である。建物の1層における E_O は $R = 1/250$ の変形時の最大耐力で評価される。ベースシアー耐力係数は式(3.3)で表される。式(3.3)で重要な概念は「強度寄与係数」である。建物の強さが $R = 1/250$ の変形時における強さで定義されていることから，それより大きな変形で最大耐力に達するような部材の耐力は「割り引いて」評価しなければいけない。そのことを考慮するための係数が強度寄与係数である。このように，変形能力が異なる部材からなる建物の荷重−変形角の評価はやや煩雑なものとなる。ただし，**図-3.4.3** はせん断柱の強度寄与係数はすべて 1.0 の場合について示している。

$$E_O = \frac{1}{W}\left(\sum \alpha_{Si} V_{SCi} + \sum V_{SW}\right) = \sum \alpha_{Si} C_{SCi} + \sum C_{SW} \tag{3.3}$$

ここに，α_{Si}：i 番目のせん断柱の強度寄与係数
　　　　R_{Sui}：i 番目のせん断柱の強度時の層間変形角　（**図-3.4.2 参照**）
　　　　V_{SC}：せん断柱のせん断耐力
　　　　V_{SW}：せん断壁のせん断耐力
　　　　W：建物の全重量
　　　　C_{SC}：せん断柱の耐力を対象階（ここでは1階）よりも上の建物重量で除した値で，強度指標と呼ばれる
　　　　C_{SW}：せん断壁の強度指標

c. 曲げ破壊する柱よりなる RC 造建物の E_O

本節で述べる建物は同じ靭性率 μ を持つ曲げ柱のみからなる建物で，靭性抵抗型建物と呼ばれる。このような建物の荷重−変形関係は**図-3.4.4** のようになる。この場合，E_O は式(3.4)により算定される。

$$E_O = \left(\frac{1}{W}\sum V_{FC}\right)F = \sum C_{FC} \times F = C \times F \tag{3.4}$$

ここで，V_{FC}：曲げ柱の水平耐力
　　　　C_{FC}：曲げ柱の耐力を対象階（ここでは1階）よりも上の建物重量で除した値で，強度指標と呼ばれる

式(3.4)の F 値は，曲げ柱の保有靭性率 μ から式(3.5)により算定される。

$$F = \phi_1\sqrt{2\mu-1} \quad (1.27 \leq F \leq 3.2)$$
$$\phi_1 = \frac{1}{0.75(1+0.05\mu)} \quad (1 \leq \mu \leq 5) \tag{3.5}$$

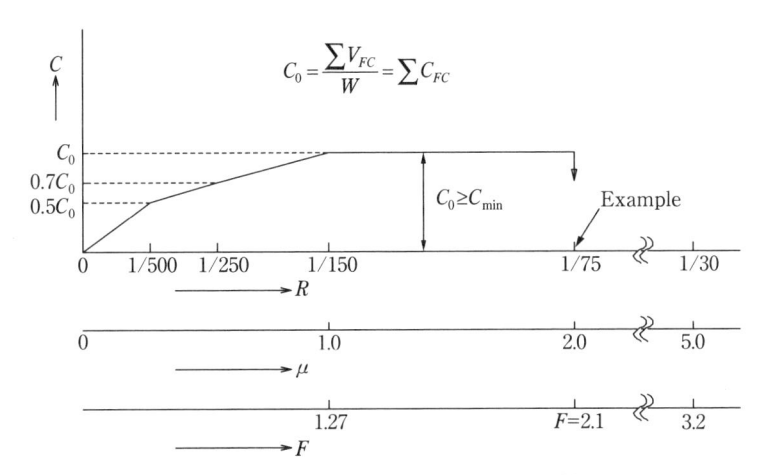

図-3.4.4 曲げ破壊する柱からなる建物の性状

ここで，μ：曲げ柱の靭性率で，当該層の降伏変形角 R_y（原則として 1/150）と部材の曲げ終局層間変形角の比で，基本的には柱の帯筋の間隔とせん断余裕度（柱のせん断耐力と曲げ耐力時のせん断力の比）から求まる値である。求め方については耐震診断基準に詳細に決められている。

式(3.5)は，前述したエネルギー一定則（**図-3.3.2** 参照）から求まる式(3.1)を，RC造建物の地震応答解析結果をもとに修正されたものである。RC構造はコンクリートに生じるひび割れのため，完全に弾性的な挙動をすることは無く，比較的早期に塑性化する現象があり，そのことを考慮するための修正と考えることができる。$\mu = 1$（$R = 1/150$）の値を式(3.5)に入れると 1.27 という値を得る。これは，**図-3.3.2** に示す弾性応答建物の F 値を 1.0（基準値）とした場合の，**図-3.4.4** に示す建物の $\mu = 1$ の時の相対的な F 値と解釈されている。

d. せん断柱，せん断壁，曲げ柱からなる RC 造建物の E_O

せん断壁，せん断柱，曲げ柱からなる建物の荷重変形関係は**図-3.4.5**のようになる。このような建物の E_O は式(3.6)と式(3.7)により計算される。

$$E_O = \frac{1}{W}\left(\sum \alpha_{Si} V_{SC} + \sum V_{SW} + \sum \alpha_{mi} V_{FCi}\right)$$
$$= \sum \alpha_{Si} C_{SCi} + \sum C_{SW} + \sum \alpha_{mi} C_{FCi} \tag{3.6}$$

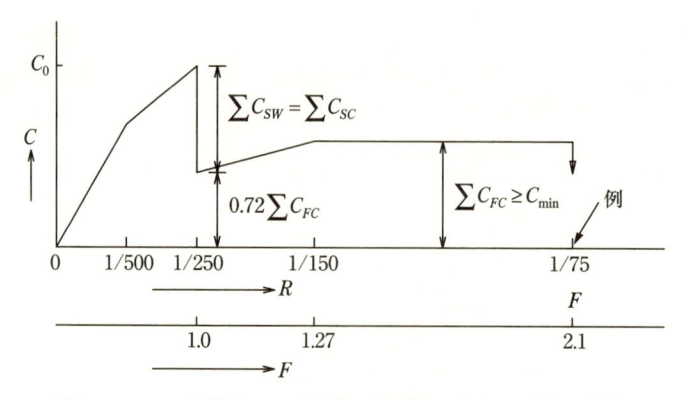

図-3.4.5 せん断柱，せん断壁，曲げ柱からなる建物の性状

$$\alpha_{mi} = 0.72 \quad \left(R_{myi} = \frac{1}{150} \right)$$

$$\alpha_{mi} < 0.72 \quad \left(R_{myi} < \frac{1}{150} \right)$$

$$E_O = \sqrt{E_1^2 + E_2^2} \tag{3.7}$$

$$E_1 = \sum C_{SC} + \sum C_{SW} \quad\quad (式(3.3) 参照)$$

$$E_2 = \sum C_{FC} \times F \quad\quad (式(3.4) 参照)$$

式(3.6)は式(3.3)に曲げ柱の負担水平力を累加したものである。式(3.7)はこのような建物の地震応答解析結果を基にして提案された実験式(経験則)である。強度

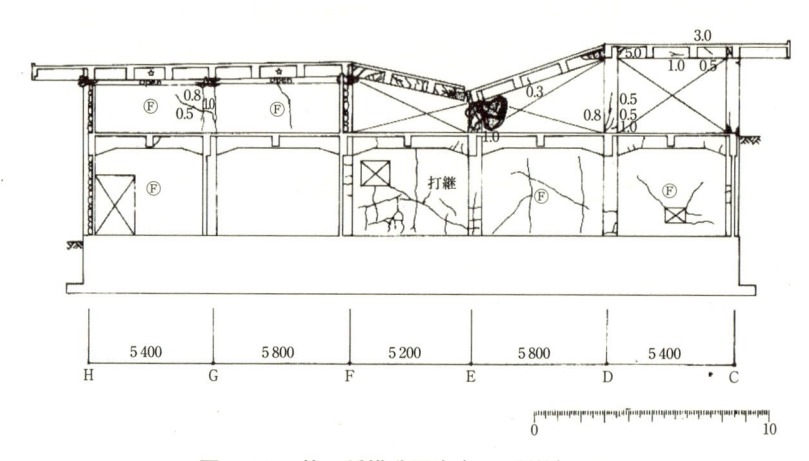

図-3.4.6 第2種構造要素(せん断柱)の例

抵抗部材と靭性抵抗部材が混在する建物の耐震性能の評価をする場合の式で、二乗平均式と考えることができる。建物の E_O は式(3.6)と式(3.7)の算定値のうち、大きい方の値が採用される。ただし、せん断柱の崩壊が建物の局部的な落階の原因となる場合(**図-3.4.6** 参照)、すなわち第2種構造要素となる場合、は式(3.6)の値を採用する必要がある。建物の基本的な耐震性能は、落階現象が生じるか否かが最も重要なので、このような現象が予想される場合は、その現象が生じる時の変形より大きな変形時の耐震性能(この場合は式(3.7)で評価される耐震性能)は意味が無いと考えるからである。なお、曲げ柱の μ が異なる場合は、一番小さな μ により式(3.7)の E_2 を求める時の F 値を計算しなくてはならない。

e. 各種部材を含む RC 造建物の E_O

実際の建物は、**図-3.4.1** に示す5種類の部材をすべて含む場合が多い。また、曲げ柱の靭性率 μ も、いろいろな値を取る。このような建物の C 値と F 値の関係は**図-3.4.7**のように表すことができる。**図-3.4.7** の横軸は層間変形角ではなく F 値で表されている。F の値は曲げ柱の場合、層間変形角 R に換算できるが、曲げ壁の場合の F 値は式(3.8)のようにせん断余裕度の関数で表されており、層間変形角と陽な関係は与えられていない。したがって、**図-3.4.7** の横軸に示してある層間変形角は大体の目安の値である。耐震性能の評価は F 値を用いて行う。

$$
\begin{aligned}
&F = 1.0 \quad \left(V_{SW}/V_{FW} \leq 1.2 \text{の場合}\right) \\
&F = 2.0 \quad \left(V_{SW}/V_{FW} \geq 1.3 \text{の場合}\right) \\
&F = 1.0 \sim 2.0 \quad \left(1.2 \leq V_{SW}/V_{FW} \leq 1.3 \text{の場合}\right) \\
&\qquad \text{(中間の値は直線補間とする)}
\end{aligned}
\tag{3.8}
$$

$$C_0 = \sum C_{SW} + \sum C_{SC} + \sum C_{FW} + 0.72\sum C_{FC}$$

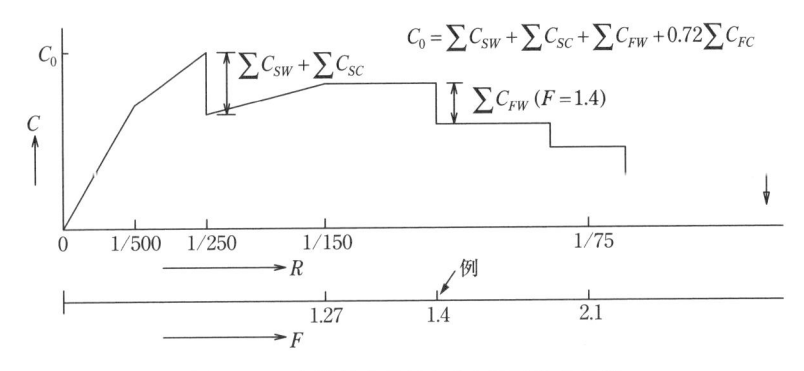

図-3.4.7 各種鉛直部材からなる建物の性状

ここで，V_{FW}：曲げ壁の曲げ耐力時のせん断力

図-3.4.7は非常に複雑であることから，図-3.4.8のように近似化される。図-3.4.8に示される建物のE_Oは式(3.9)により求めることができる。

$$E_O = \sqrt{E_1^2 + E_2^2 + E_3^2} \tag{3.9}$$
$$E_1 = C_1 \times F_1$$
$$E_2 = C_2 \times F_2$$
$$E_3 = C_3 \times F_3$$

ここで，C_i：i番目のグループに属する部材の強度指標の値を足し合わせることにより求めたi番目のグループの強度指標

F_i：i番目のグループに属する部材の靭性指標の値のうち最も靭性指標値。i番目のグループがせん断柱やせん断壁を含む場合は靭性指標の値は1.0をとる。

式(3.9)は，式(3.7)を拡張したものである。とくに根拠はないが，二乗平均値と考えればよい。式(3.9)を用いる場合，部材は（最大でも）三つのグループに分類

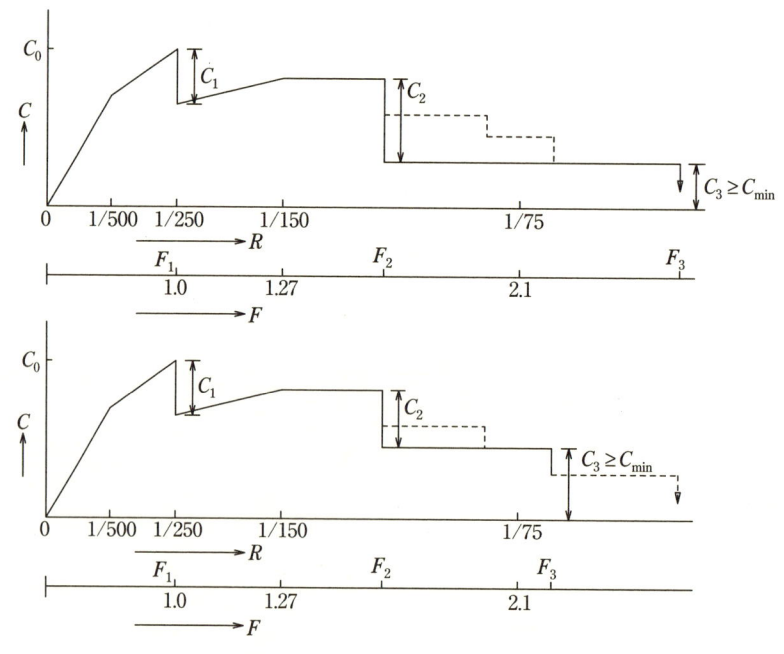

図-3.4.8　各種鉛直部材からなる建物の性状の近似例

される。同一グループの部材のうち最小の F 値を用いて，E_i を計算する。**図-3.4.8**に示されるように，グループ分けは恣意的であるが，式(3.9)の値が最大値を取るようにグループ分けされる。この手続きはコンピュータを用いることにより，容易に行うことができる。第2種構造要素がある場合は，最初に第2種構造要素となる部材の F 値より小さい範囲でグループ分け（1グループでもよい）を行い，その場合における式(3.9)の最大値で E_O を評価する。

f. 極脆性柱を持つRC造建物の E_O

図-3.4.1(a)に示す極脆性柱を持つ建物の荷重−変形は**図-3.4.9**のようになる。このような建物の E_O は式(3.10)で評価される。

$$E_O = \frac{1}{W}\left(\sum V_{SSC} + \sum \alpha_{Si}V_{SCi} + 0.65\sum V_{SW} + 0.65\sum V_{FW} + \sum \alpha_{mi}V_{FCi}\right)\times 0.8$$
$$= \left(\sum C_{SSC} + \sum \alpha_{Si}C_{SCi} + 0.65\sum C_{SW} + 0.65\sum C_{FW} + \sum \alpha_{mi}V_{FBCi}\right)\times 0.8 \quad (3.10)$$

ここで，α_{Si} と α_{mi} は $R = 1/500$ におけるせん断柱と曲げ柱の強度寄与係数で**図-3.4.2**をもとに計算する。

V_{SSC}：極脆性柱のせん断耐力

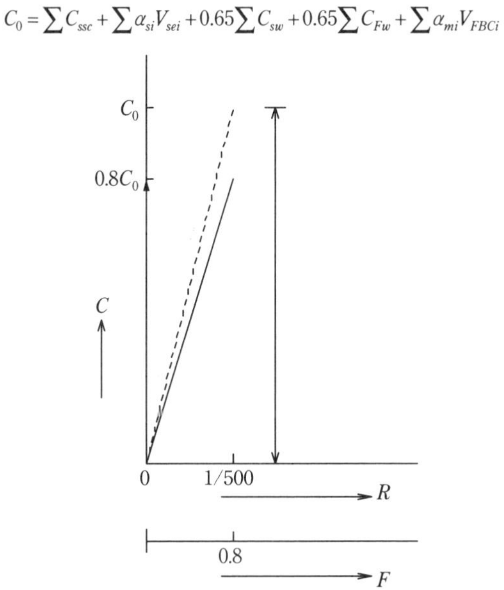

$$C_0 = \sum C_{ssc} + \sum \alpha_{si}V_{sei} + 0.65\sum C_{sw} + 0.65\sum C_{Fw} + \sum \alpha_{mi}V_{FBCi}$$

図-3.4.9 極脆性柱を持つ建物の性状

V_{FW}：曲げ壁の耐力時のせん断力

C_{SSC}：極脆性柱の強度指標

C_{FW}：曲げ壁の強度指標

式(3.10)には，せん断耐力係数 C に0.8という係数が乗じられている。これは，極脆性柱を含む建物は弾性域で崩壊することからエネルギー吸収がほとんど期待できず，それを補償するための係数であると考えられている。式(3.10)により求まる E_O が建物の保有性能基本指標として採用されるのは，次の二つの場合に限られている。

① 式(3.10)で求まる E_O が他の算定式で求まる E_O よりも大きい場合。いい換えると，非常に多くの極脆性柱を含む場合。

② 極脆性柱の崩壊が建物の局部的な落階の原因となる場合(図-3.4.10参照)。すなわち，第2種構造要素となる場合。

上記以外の場合は，極脆性柱の耐力は E_O の算定時に無視される。

g. E_O 値に関する層位置補正

前節までに述べた E_O は，建物の第1層の E_O (E_{O1}) である。1層以上の i 層の $E_O(E_{Oi})$ は建物の動的応答による増幅を考慮して補正(低減)する必要がある。耐震診断基準においては，低減係数は式(3.11)により与えられる。

$$E_O = \phi_{2i} E_{Oi}$$
$$\phi_{2i} = \frac{n+1}{n+i} \tag{3.11}$$

図-3.4.10　第2種構造要素（極脆性柱）の例[8]

ここで，E_{Oi}：1層と同様な手法により計算された（外力分布の補正前の）i層の保有性能基本指標
　　　　ϕ_{2i}：地震時の振動モードを考慮した，すなわち外力分布による補正係数
　　　　n：建物の階数

式(3.11)は振動モードが直線であるという仮定のもとで得られた低減係数である。実際には，現行の建築基準法で決められている地震用設計力の高さ方向に沿っての分布（A_i分布と呼ばれる）を用いて，低減係数を評価することが，多く行われている。

h. 部材耐力算定に関する諸問題

ⅰ) 耐震壁の反曲点高さ

耐震壁が曲げ破壊する時のせん断力を求めるためには，反曲点高さ（**図-3.4.11**参照）を知る必要があるが，構造物中における反曲点高さを精度良く求めることは困難であることから，耐震診断基準では，略算的に求める方法が述べられている。

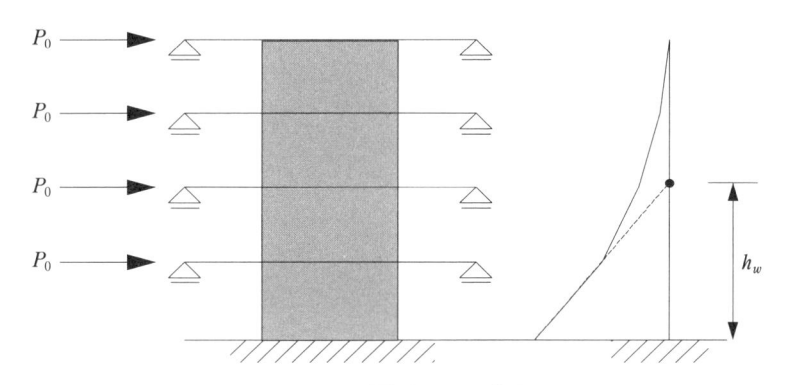

図-3.4.11　耐震壁の反曲点高さ

ⅱ) 袖壁付き部材の耐力

実際の建物における柱には袖壁が付いていることが多いが，耐震診断基準には**図-3.4.12**に示すような断面の曲げ耐力とせん断耐力を求める方法が述べられている。

ⅲ) 有開口耐震壁の耐力

耐震壁には開口があることが多い。耐震壁の開口面積が式(3.12)を満足する場合は，有開口耐震壁のせん断耐力は，無開口の耐震壁のせん断耐力に式(3.13)の

(a) 片側袖壁 (b) 両側袖壁

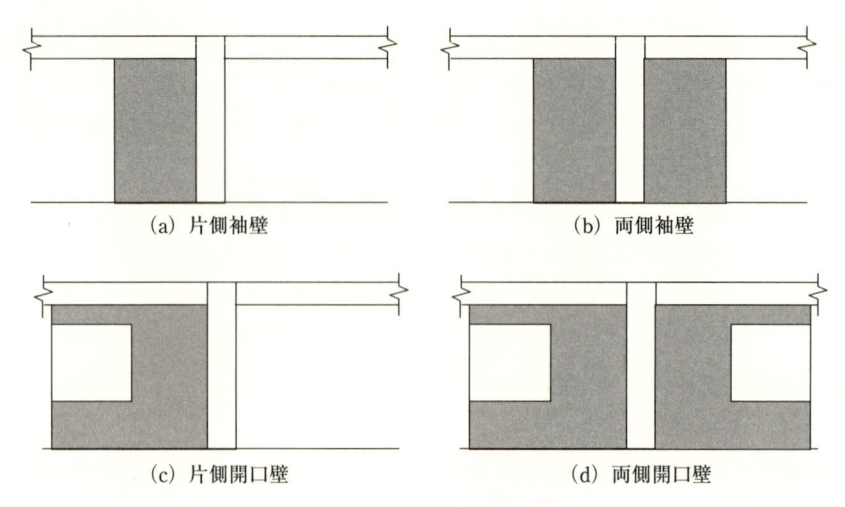

(c) 片側開口壁 (d) 両側開口壁

図-3.4.12　袖壁付き柱の例

低減率を乗じることにより評価される。

$$\sqrt{\frac{h_o l_o}{hl}} \leq 0.4 \tag{3.12}$$

ここで，h_o，l_o，h，l：図-3.4.13 参照

$$\phi_3 = 1 - \sqrt{\frac{h_o l_o}{hl}} \tag{3.13}$$

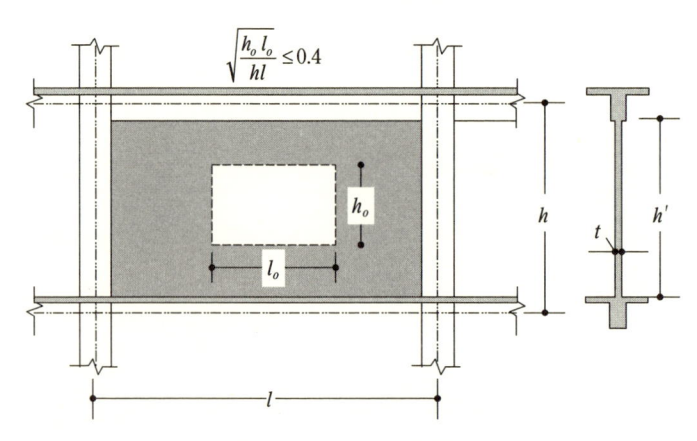

図-3.4.13　有開口耐震壁

(2) 形状係数 S_D

　建物の耐震要素の配置が立面的，平面的に合理的でない場合は，ねじれや特定層への水平変形の集中が生じるため，建物は地震被害を受けやすくなる事は良く知られている。3.2 節で述べた新耐震設計法においても，立体的あるいは平面的にバランスの悪い建物（**図-3.4.14** 参照）については特別な配慮をすることが要求されている。本節で述べる S_D は，耐震診断時にそのような建物にペナルティを課すための係数で，形状指標と呼ばれる。基準によれば，S_D は**図-3.4.15** に示す各種不整形性に応じても評価される。S_D は性能低減係数の一種であるから，**図-3.4.14** や**図-3.4.15** に示す構造的にバランスの悪いと考えられる建物については，1.0 より小さい値を取る。通常 0.7 から 1.0 の値を取る。ただし，耐震性能の観点から有利であることが経験的に知られている地下階を有する建物の場合は 1.0 よ

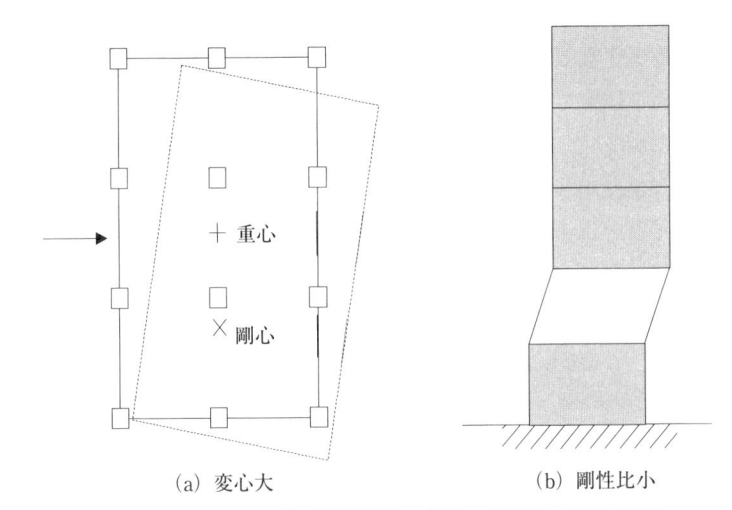

　　　　　(a) 変心大　　　　　　　　　(b) 剛性比小

図-3.4.14　平面および立面的にバランスの悪い建物の例

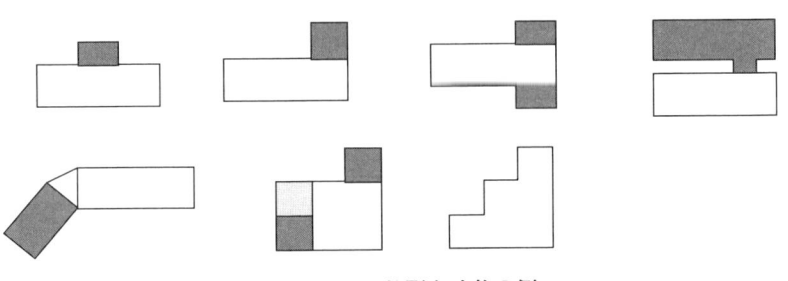

図-3.4.15　不整形な建物の例

り大きな値を取ることがある。

(3) 経年指標 T

この指標は，S_D 指標と同じく性能低減係数である。これは建物の老朽化を考慮に入れるための係数である。コンクリートに生じたひび割れ，鉄筋の発錆によるコンクリートの剥落（ポップアウト），建物の不同沈下の程度に応じて評価される。基準においては，この指標を計算するためのチェックリストスコアのフォーマットが規定されている。この値は，通常 0.9 から 1.0 の値を取る。

(4) 必要耐震性能評価

既存建物の耐震安全性を評価するために，I_s 値に関する必要値（I_{so}）を定める必要がある。基準においては，I_{so} は式(3.14)により与えられる。

$$I_s \geq I_{so} = E_s \times Z \times G \times U \tag{3.14}$$

ここで，E_s：耐震判定基本指標
$\quad\quad Z$：地域係数で，その地域の地震活動度や想定する地震動の強さによる補正係数である。通常は建築基準法に規定されている値を用いることが多い。
$\quad\quad G$：地盤指標で，表層地盤の増幅特性，地形効果，地盤と建物の相互作用などによる補正係数
$\quad\quad U$：用途係数で，建物の用途などによる補正係数

式(3.14)において最も重要で，かつ定めるのが困難な係数は E_s である。E_s の値は，E_O の評価法と密接に関連している。十勝沖地震以降の被害地震，例えば宮城県沖地震（1978 年）等，において大きな地震動を受けたと思われる建物について，その建物の保有する E_O 値と被害の程度の相関関係が調査されている。これは一種のキャリブレイション作業であるとみなすことができる。その結果，E_s の値は 0.6 と定められている。このキャリブレイション作業は，兵庫県南部地震時についても行われた。その結果，E_s の値を 0.6 から変える必要はないと結論付けられている。また，中低層建物を想定した場合で，地盤指標を考慮する必要が無い場合は，$E_s = 0.6$ という必要耐震性能の指標値は，現行の建築基準法・同施行令の大地震時における必要耐震性能レベルとほぼ対応すると考えられている。ただし，文部科学省は学校建築に対する E_s 値は 0.7 を取ることを要請している。これは，学校建築が大地震時における避難所として機能することを期待しているため，1.17 という用途係数値を採用していると解釈することができる。

耐震診断を必要とする建物でも，靭性に富む建物(すなわち F 値の大きい建物)
がある。このような場合，強度指標が小さくても必要耐震性能を満足するという
結果になる。このような場合，結果的に現行の建築基準法の必要耐震性能レベル
よりも小さくなる。また，F 値が大きいということは大地震時に大変形を生じる
ことを意味する。このようなことは，本節の最初に述べた耐震診断の基本的な考
え方からすると望ましくない。したがって，式(3.15)に示される強度指標と形状
係数の積で決まる値に対する制限値が規定されている。

$$C_{TU} \cdot S_D \geq 0.3Z \times G \times U \tag{3.15}$$

ここで，C_{TU}：構造物(層)の終局限界における累積強度指標である。累積強度指
標とは，層の変形角(この場合は終局限界時の変形角)に対応して
各部材が発揮する強度指標の累積値に外力分布による補正係数 ϕ_2
を乗じたものである。

3.4.3 耐震診断の実施例

前節において耐震診断基準の概要について述べたが，そのプロセスの実施例[9]
により解説することにする。対象とした建物は，2005年3月に発生した福岡県
西方沖地震の際被害を受けたRC構造集合住宅建物である。この地震時には福岡
市内の一部において震度6弱の地震動が観測された。この地震により被災した
RC構造建物8棟のうちの一つである。被災を生じたのは南北方向(以下の説明で
は，Y 方向という用語も使用されている)である。

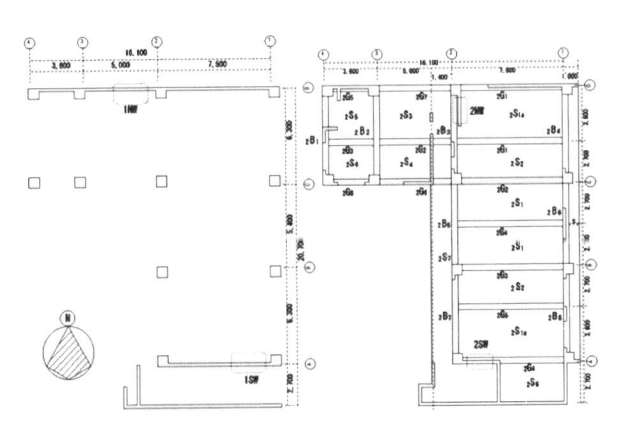

図-3.4.16　建物の1階および2階伏図(見下げ表し)

(1) 建物概要

耐震診断を行う場合は，まず建物の現況調査から始める。構造図の収集，コンクリート強度の推定と中性化の進行状況，構造図と実際の建物との対応調査，などが主な調査項目である。鉄筋の降伏強度については，構造設計図に示されている鉄筋規格や（示されていない場合は）建設年度などから推定する。この建物は図

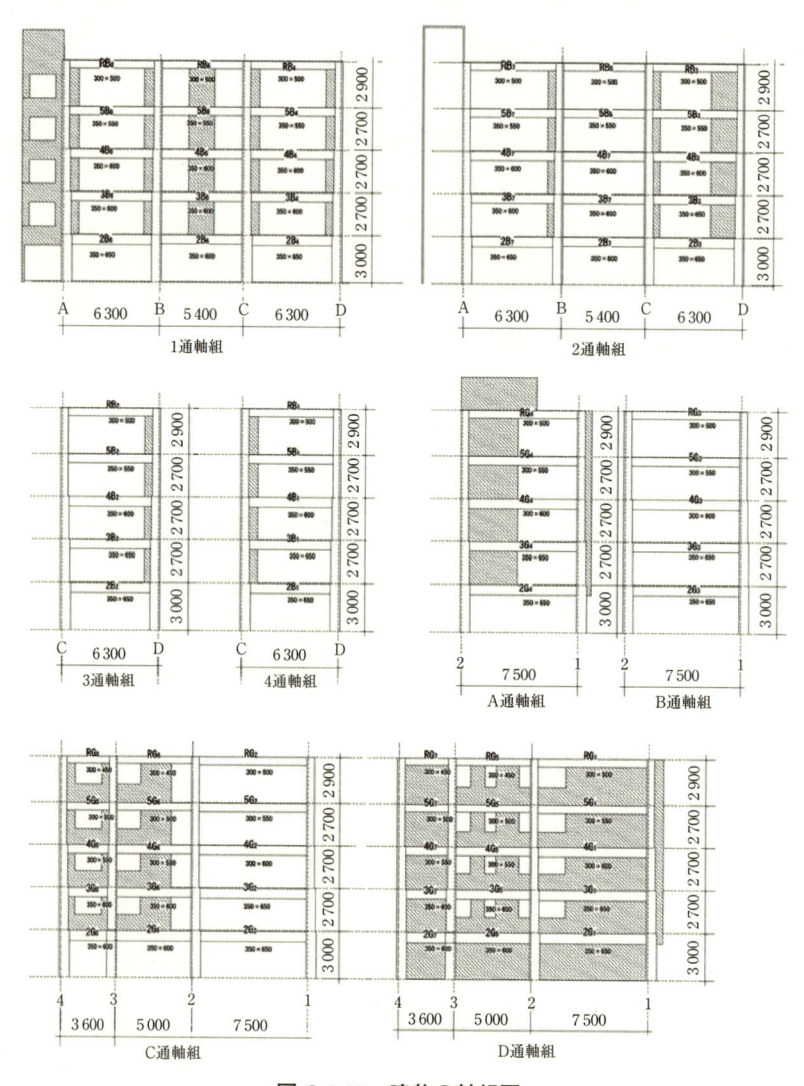

図-3.4.17 建物の軸組図

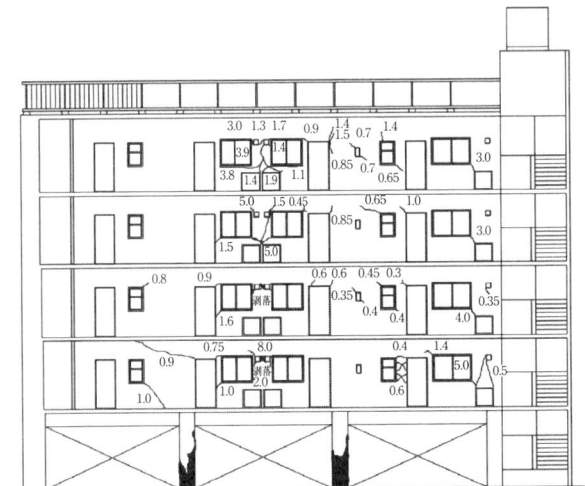

図-3.4.18　建物の被害状況

面の保存状況が良く，耐震診断に必要なデータはすべて揃っており，コンクリート強度はコアの抜取り試験より推定することができた．本建物は1966年の設計で，十勝沖地震の以前に旧建築基準法により設計された建物である．

1階および2階の伏図を**図-3.4.16**に示す．建物は敷地内にL字型に配置されている．この建物の長辺方向が南北方向で，スパン数は4，壁のない完全ピロティ形式である．南北および東西方向の軸組図を**図-3.4.17**に示す．柱は1階が600×600mmで，上階に行くにつれて50mmずつ断面せいと幅が小さくなり，5階のみ450×450mmと4階と同じ断面となっている．帯筋のピッチは全層を通じて250mmと一定であり，せん断耐力の不足が懸念される典型的な1971年以前の配筋である．なお，鉄筋は，すべて丸鋼である．

建物の地震被害状況を**図-3.4.18**に示す．

(2) 耐震診断

本建物の耐震性能を前節で述べた耐震診断の手法を用いて各階各方向の構造耐震指標I_sを算出した．福岡県内の地域係数Zは0.8である．E_sは耐震判定基本指標で，2次診断の場合0.6である．地盤指標Gは1.0とした．Uは用途指標で集合住宅でありことから1.0としている．したがって，必要耐震性能を意味する前節の式(3.14)は以下のようになる．

$I_s \geq I_{so} = 0.60 \times 0.8 \times 1.0 \times 1.0 = 0.48$

以下に主要な診断仮定を列記する。

① 断面等は設計図書に基づくものとし,材料強度として,コンクリートの診断強度を$F_c = 18\text{N}/\text{mm}^2 (180\text{kg}/\text{cm}^2)$とした。コア抜き試験より得られたコンクリート強度の平均値は$19.5\text{N}/\text{mm}^2$であった。柱梁主筋・せん断補強筋はSR235が使用されており,診断基準に基づき降伏点強度を$294\text{N}/\text{mm}^2$とした。

② 診断計算は電算プログラムを用いて算出した。まず,本建物の構造体をモデル化し,準備計算として各階重量,柱軸力,偏心率・剛性率等を算出した。その後,診断に必要な諸元を入力し構造耐震指標を算出した。

③ 応力計算時の剛性評価は,柱,梁とも袖壁,垂れ壁,腰壁の影響を考慮して電算プログラム内で算定した。耐震壁についてはエレメント置換とし,フレーム内の雑壁については柱と断面積が等価となるよう設定した。

④ 経年指標Tは0.95と仮定した。建物の不整形性(図-3.4.15参照)を考慮するための形状指標はS_Dを診断基準により求めた。平面,立面的なバランスの悪さ(図-3.4.14参照)を考慮するため,仮定(2)における応力解析結果より新耐震設計法に規定されている形状係数F_{es}を求め,その逆数を乗じて最終的な形状指標を評価した。本建物の場合,S_Dの値は5階のX方向($S_D = 0.77$)を除き1.0であった。すなわち,計算上はバランスの良い建物といえる。

⑤ 鉛直部材の耐力,靭性指標は耐震診断基準によった。

得られた診断結果,すなわちI_s値を表-3.4.1に示す。表-3.4.1には参考のため,東西方向(X方向)のI_s値も示されている。この建物の場合,いずれの方向,階ともE_Oは強度型となり,靭性指標F値が1.0におけるI_s値で評価されている。X方

表-3.4.1　構造耐震指標I_s値

階	X方向				Y方向			
	正加力時		負加力時		正加力時		負加力時	
	I_s値	判定	I_s値	判定	I_s値	判定	I_s値	判定
5	1.12	OK	0.98	OK	0.63	OK	0.57	OK
4	0.95	OK	0.85	OK	0.40	NG	0.40	NG
3	0.73	OK	0.65	OK	0.37	NG	0.36	NG
2	0.64	OK	0.57	OK	0.34	NG	0.37	NG
1	1.06	OK	1.05	OK	0.34	NG	0.35	NG

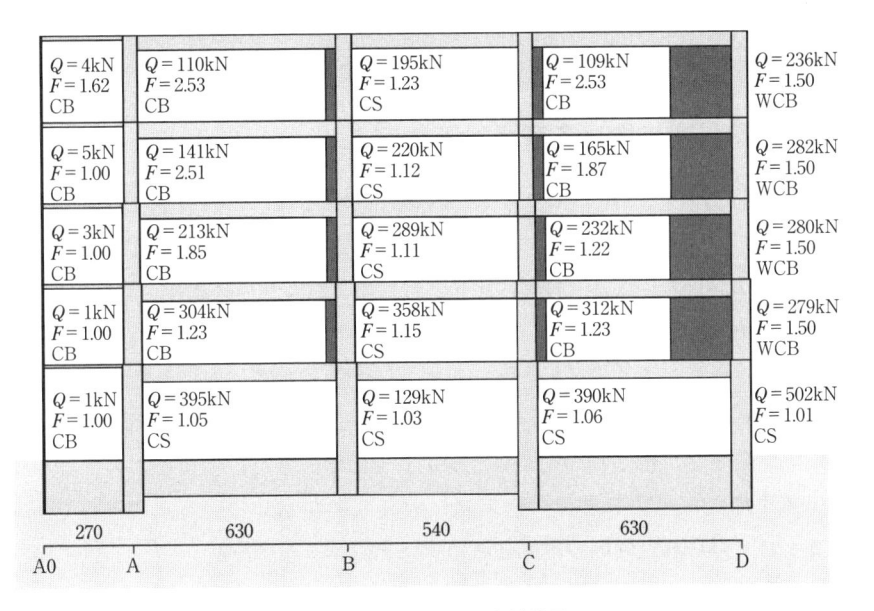

Q = 4kN F = 1.62 CB	Q = 110kN F = 2.53 CB	Q = 195kN F = 1.23 CS	Q = 109kN F = 2.53 CB	Q = 236kN F = 1.50 WCB
Q = 5kN F = 1.00 CB	Q = 141kN F = 2.51 CB	Q = 220kN F = 1.12 CS	Q = 165kN F = 1.87 CB	Q = 282kN F = 1.50 WCB
Q = 3kN F = 1.00 CB	Q = 213kN F = 1.85 CB	Q = 289kN F = 1.11 CS	Q = 232kN F = 1.22 CB	Q = 280kN F = 1.50 WCB
Q = 1kN F = 1.00 CB	Q = 304kN F = 1.23 CB	Q = 358kN F = 1.15 CS	Q = 312kN F = 1.23 CB	Q = 279kN F = 1.50 WCB
Q = 1kN F = 1.00 CB	Q = 395kN F = 1.05 CS	Q = 129kN F = 1.03 CS	Q = 390kN F = 1.06 CS	Q = 502kN F = 1.01 CS

270　　　630　　　540　　　630
A0　A　　　　B　　　　C　　　　D

図-3.4.19　2通りの診断結果

向ではいずれの階とも判定指標 I_{so} = 0.48 を上回っているが，Y方向では1〜4階で判定指標 I_{so} = 0.48 を下回っている．とくに，今回の地震で大破したY方向1階では I_s 値が0.34程度となっているほか，2階も同程度の値となっている．

つぎに，今回の地震で大きな被害となった南北方向の2通りの診断結果を**図-3.4.19**に示す．図中の Q はせん断力（前節の説明では V の記号を使用している），F は靭性指標を表している．また記号CBとCSは，それぞれ曲げ破壊とせん断破壊を表している．今回の地震でせん断破壊したY方向1階の柱はいずれもせん断破壊先行となっており被害の状況が説明できるものとなっている．本建物の診断結果においては，Y方向1，2階の I_s 値はほぼ同程度の値となった．しかし，実際の被害は1階に集中している．1階は F = 1.0のせん断柱が支配的で，2Fはそれ以外の部材（F = 1.0を超えるせん断柱，その他の曲げ柱）が支配的となっている．つまり，1階は2階に比して，変形性能が乏しいことが予測され，この変形性能の差異が，異なった被害状況となった原因と考えられる．

以上より，前節で述べた耐震診断基準の手法により求めた耐震性能と，福岡県西方沖地震で地震被害を受けた集合住宅の被害状況がほぼ対応することが分かっ

た。なお，この建物が建っていた地点の近くで記録されたK-net福岡で観測された地震波形（FKO006）のNS成分の最大地動加速度は277galと報告されている。

3.4.4 諸外国における耐震診断の例

　九州大学21世紀COEプログラム「循環型住空間システムの構築」初年度活動の一環として，「既存建物の耐震診断・補強に関するワークショップ」が2004年2月に開催された。そこでは，日本，北米，台湾の3カ国から研究者，実務者が集まり情報交換，討議がなされた。北米の西海岸（カリフォルニア州）における近年の地震活動は日本とよく似ている。すなわち，十勝沖地震の3年後である1971年にサンフェルナンド地震が，兵庫県南部地震の前年である1994年にはノースリッジ地震が発生し，構造物の地震被害が生じている。また，台湾においては1999年に集集地震が発生し多数の構造物に地震被害が生じている。以下にワークショップで得られた両国の耐震診断の状況を簡単に述べる。

(1) 北米における耐震診断手法の現状

　耐震診断規準の最初のものはFEMA172（1992），FEMA178（1992）である。FEMAとはFederal Emergency Management Agency（連邦危機管理局）の略称で，州の独立性の高い北米において，緊急事態が生じたとき連邦国家として危機管理に当たる組織である。北米においては，建築基準法に相当する法律も州によって独自に決められている。耐震診断や応急補強に関しても州独自に規準を定めているが，連邦政府としても耐震診断・補強の問題に対して対策を講じていることを意味する。FEMAが規定した規準においては，建物構造種別に診断手法が規定されている。鉄筋コンクリート造建物の場合の主なチェックポイントは① 部材の破壊形式，② 柱・梁耐力比，③ 柱，耐震壁の平均せん断応力度の大きさ，である。これらをチェックした結果，耐震性能に疑問が持たれる場合は，（新築建物用よりは85％小さい）設計用水平力に対して建物の解析を行う事が推奨されている。

　最近用いられるようになった耐震診断基準はFEMA356（2000）である。この基準の内容は，性能設計型の診断であることが日本におけるそれとは大きく異なっている。すなわち，(a) 目標とする耐震性能の設定，(b) 建物の立地場所の地震危険度（地域係数）の評価，(c) 静的漸増水平力解析による建物の水平力－水平変位関係の推定，(d) 各部材に要求される性能と保有性能の比較，といった手順でなされる。これは，基本的には新築建物の設計に用いられる手法と同じである。

重要なことは，目標とする耐震性能を決定するのは建物のオーナーである点である。そのためには，技術者は(一般の人である)オーナーの理解できる用語，表現を用いて建物の保有性能，(補強を要する場合は)目標性能を説明する必要がある。この点に関しては，現在の日本の耐震診断手法は不満足なものである。カリフォルニア州においては，州政府，技術者は近未来的に生じると思われる大地震に対しては非常な危機感を感じており，耐震補強なども活発に行われている。例えば，カリフォルニア州立大学は多数の分校を持つが，本部はサンフランシスコの対岸にあるバークレー校に置かれている。バークレー校においては，キャンパス内の建物の耐震診断を行い，ある期間にわたる補強計画を立て，それにしたがって補強工事を順次実施している。すべての建物の補強工事が完了する前に大地震が発生した場合の応急教育対策(大学の機能維持)に関しては，隣接都市にあるスタンフォード大学と相互協定を締結し，大地震に備えている。

(2) 台湾における耐震診断手法の現状

台湾においては，1999年9月に発生した集々地震により台中近隣で大きな地震災害が発生した。台湾における設計規準も，時代とともに変遷しているため，日本と同じく多くの「既存不適格建物」が存在している。したがって，耐震診断・補強は日本と同じく重要な問題となっている。しかしながら，耐震診断基準に相当するようなものが無いため，統一的あるいは標準的な手法というものはなく，日本の「耐震診断基準」や北米のFEMAを技術者が適宜用いているというのが現状である。集々地震により被災した建物の復旧作業については，ほぼ終了した状況である。

3.5 耐震診断の実施状況と実施結果の分析

3.5.1 耐震診断基準と耐震改修促進法

1968年に発生した十勝沖地震が建築構造物に及ぼした地震被害から得られた教訓をもとに，建築基準法が要求している必要耐震性能に関する根本的な見直しが行われた。その結果は，1981年の新耐震設計法の施行という形で耐震設計の進歩につながった。したがって，1981年以降に設計・施工される新築建物は十勝沖地震から得られた教訓の恩恵を受けることができるようになった。しかしなが

ら，すでに建ち，使用に供せられている既存の建物をどうするかという深刻な問題がある。この問題に対しては，十勝沖地震以後すぐに取り組まれ，その成果は3.4節で述べた「既存鉄筋コンクリート造建築物の耐震診断基準・耐震改修指針」[6]の形で刊行された。初版が出版されたのは，1977年のことである。十勝沖地震の教訓を基にしていることから，基本的な考え方や必要耐震性能は4年後に施行される新耐震設計法とほぼ同様である。このことについては3.4.2項で述べた通りである。耐震診断基準はその後1990年と2001年に改定されている。いずれの改定版も基本的な考え方はほぼ同じであるが，時代とともに進歩する研究成果を取り入れて，鉛直部材の性能評価がより精度よく規定されるようになってきている。それから，初版が刊行された頃は，低層RC構造建物の設計あるいは診断にコンピュータが使用されることはほとんどない時代であったことから，手計算で診断を行うことが前提で基準が作成されている。今日では，耐震診断はほとんどがコンピュータを用いて行われるようになってきている。RC構造以外では，「鉄骨造(1979年)」，「木造(1979年)」，「鉄骨鉄筋コンクリート造(1986年)」[10]についても同様の基準・指針が制定されている。

これらの基準・指針が制定されたことにより，"既存不適格建物"の耐震診断は，技術的には可能となったが，実際に実施されることはあまり無かった。ただし，駿河湾に近未来に発生すると予測され，「東海地震」という仮の名前まで持つマグニチュード8クラスの地震に対する対策を迫られていた静岡県・愛知県だけは例外であった。静岡県においては1978年より耐震診断基準を用いて，学校建築をはじめとした公共建築約4000棟の診断が行われ，すでに約400棟の耐震補強が完了している[11]。つまり，静岡県の鉄筋コンクリート造公共建築のうち約一割が想定した地震に対して危険であると判定されたわけである。

静岡県・愛知県でとっていた仮想地震に対する対策は，同じ建築基準法が施行され続けてきた日本全国のどこででもとっておく必要があったが，それには膨大な費用がかかる。そのためにやむを得ず，（建物には寿命があるから）地震が来る前にいずれは「新耐震設計法」により設計された建物に建て替わるであろうという希望的観測のもとに放置されてきた。そのような状況のもとで発生したのが1995年兵庫県南部地震，1997年鹿児島県北西部地震，2001年芸予地震である。兵庫県南部地震の場合は，発生した場所も，震度7という激しい揺れかたも，ほとんどの専門家が予知していなかった地震であった。この地震による被害状況の調査

結果，「新耐震設計法」以前に建てられた建物の被害が顕著であったことは文献8)に記されている通りである。このため，兵庫県南部地震が発生した1995年の10月には「建築物の耐震改修の促進に関する法律」が公布され，全国各地で既存建物の耐震診断および耐震補強が実施されるようになった。「建築物の耐震改修の促進に関する法律」が公布された以後も，耐震診断の実施率はそれほど向上せず，その後2005年には地域係数が0.8の福岡県で地震が発生したこともあり，2005年には「建築物の耐震改修の促進に関する法律」の一部が改正され，耐震診断の実施はより促進されることになった。

本節では，耐震診断の実施状況について福岡県の学校建築を具体例に取り解説を行うことにする。

3.5.2 福岡県における耐震診断の実施状況

福岡県では，1995年から県が管轄する施設を用途別に「学校施設保全調査委員会」，「営繕施設保全調査委員会」，「県営住宅保全調査委員会」，他などの名前の調査委員会を設置する形で耐震診断による検討が開始された。この保全調査委員会では，20物件，合計39棟の各種建築物について耐震診断と耐震補強の検討が行われた。1996年度からは，前年12月に施行された「建築物の耐震改修の促進に関する法律」を受ける形で，「福岡県建築物耐震評価委員会」が設置され，耐震診断と耐震補強に取り組むことになった。耐震診断の実施状況（実施棟数）を年度別に図-3.5.1に示す。1995（平成7）年度に「保全調査委員会」で実施されたものを

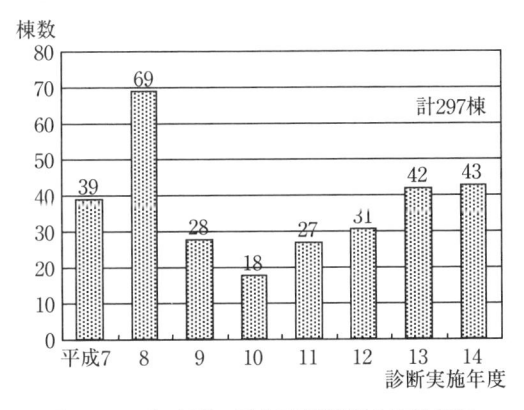

図-3.5.1　年度別に見た耐震診断の実施状況

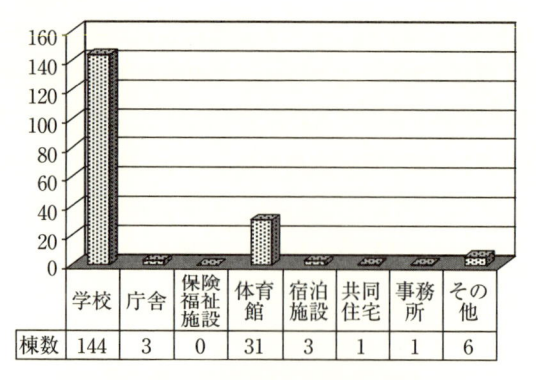

棟数	学校	庁舎	保険福祉施設	体育館	宿泊施設	共同住宅	事務所	その他
	144	3	0	31	3	1	1	6

図-3.5.2　診断建物の用途別内訳

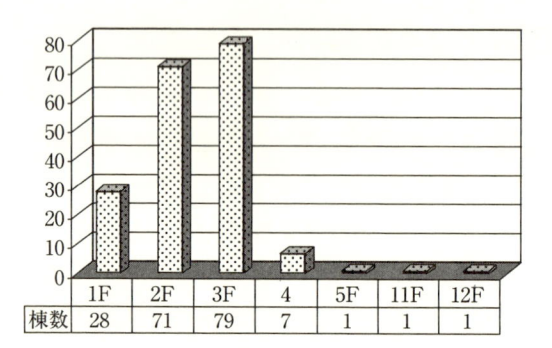

	1F	2F	3F	4	5F	11F	12F
棟数	28	71	79	7	1	1	1

図-3.5.3　診断建物の地上階数内訳

第Ⅰ期（～1971年）
第Ⅱ期（1972年～1981年）

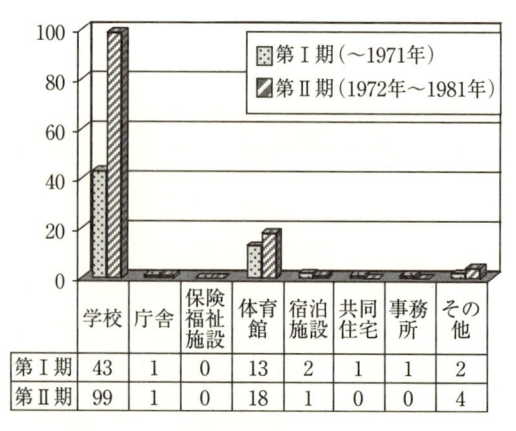

	学校	庁舎	保険福祉施設	体育館	宿泊施設	共同住宅	事務所	その他
第Ⅰ期	43	1	0	13	2	1	1	2
第Ⅱ期	99	1	0	18	1	0	0	4

図-3.5.4　診断建物の建設年度内訳（用途別）

含めて，2002(平成14)年度までに297棟の建築物の耐震診断が行われている。その後も引き続き耐震診断は実施されており，2007(平成19)年度以降は飛躍的に診断物件数が増加する予想が立てられている。

　ここでは，サンプリング調査として，1997(平成9)年から2002(平成14)年までに耐震診断が実施された189棟についての分析結果を述べる。診断建物を用途別および地上階数別に分類した結果を，それぞれ図-3.5.2と図-3.5.3に示す。また，診断建物を建設年度別に分類した結果を図-3.5.4に示す。図-3.5.4においては，建設年度は第Ⅰ期(～1971年)と第Ⅱ期(1972～1981年)に分類されている。第Ⅰ期の建物は1970年に行われた建築基準法の小改正の効果が反映されていない建物である。この小改正は，1968年の十勝沖地震の際に目立った「比較的ずんぐりした鉄筋コンクリート柱の脆いせん断破壊」を防ぐために応急処置的に行われたもので，鉄筋コンクリート柱の最小帯筋量を増やす(帯筋間隔を100mm以下とする)内容の改正である。第Ⅰ期と第Ⅱ期の建物では大地震時の被害率に顕著な差があることが，兵庫県南部地震時の被害調査により明らかにされている。

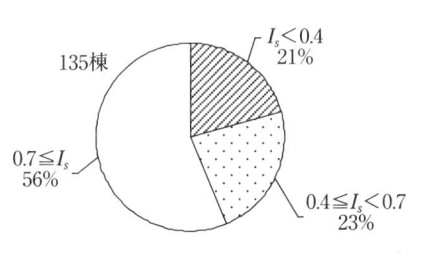

図-3.5.5　1階X方向I_s値の分布割合

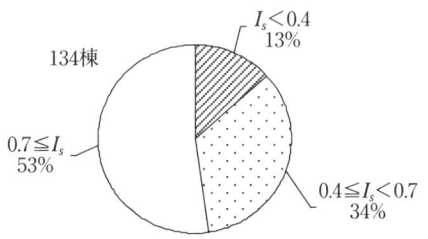

図-3.5.6　X方向の最小I_s値分布割合

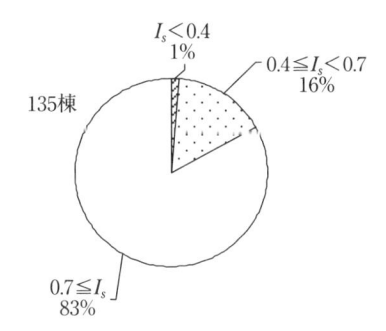

図-3.5.7　1階Y方向I_s値の分布割合

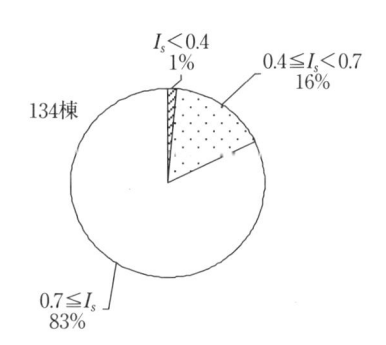

図-3.5.8　Y方向の最小I_s値分布割合

図-3.5.2 より，診断建物のほとんどが公立文教施設(学校，体育館)であることがわかる。この主な原因には，以下の三つがある。すなわち，① 過去の震害調査結果を見ると，これらの建物は地震被害率が高い，② ベビーブーム世代の就学時期に建設されたこれらの建物が，大規模改修を必要とする時期に来ており，これにあわせて耐震診断が実施されることが多い，③ これらの建物は，自然災害時においては地域コミュニティーの避難施設となるため，高い耐震性能が要求される，である。

　診断建物の耐震診断結果を，学校校舎建物(渡り廊下等の小規模の建物を除く)のみについて**図**-3.5.5 から**図**-3.5.8 に示す。これらの図に示す I_s 値は，3.4.2 項で述べた構造耐震指標 I_s の値である。ただし，実際の I_s 値を福岡県の地域係数 0.8 で除した値を示している。地域係数は，構造耐震判定指標値 I_{so} 値の方で考慮されるのが通常の方法であるが，ここでは他県(地域係数が 1.0 の県，あるいは耐震診断時には 1.0 としている県)との比較を行うために I_s 値の方で考慮した。したがって，福岡県の診断建物の実際の I_s 値は**図**-3.5.5 ～ 3.5.8 に示す値に 0.8 を乗じた値である。**図**-3.5.5, 3.5.6 は X 方向，**図**-3.5.7, 3.5.8 は Y 方向の I_s 値である。X 方向とは校舎建物の桁行(長手)方向で，Y 方向は張間(短手)方向である。**図**-3.5.5 と**図**-3.5.7 はそれぞれの方向 1 階の I_s 値を，**図**-3.5.6 と**図**-3.5.8 はそれぞれの方向の各階 I_s 値のうち最小 I_s 値を示している。通常の場合，1 階の I_s 値が最小となることが多いが，構造計画によっては必ずしもそうならない場合もあることが，**図**-3.5.5 と**図**-3.5.6 を比較することによりわかる。**図**-3.5.6 より，X 方向に関しては I_s 値が学校建築に要求される判定指標値 0.7(学校建築の場合，一般の建物の判定指標値 0.6 より大きい値が取られる)より小さい建物が約半数(47%)に達することがわかる。**図**-3.5.8 より，Y 方向に関しては I_s 値が 0.7 を下回るのは 17%と，X 方向に比較して小さい。これは，校舎建物の場合 Y 方向(張間方向)は教室間の間仕切壁が耐震壁となることが多いため，I_s 値が大きくなるからである。ただし，間仕切壁がブロック壁であったり，耐震壁であっても偏在していたり，1 階に「壁抜け」があったりする場合は，形状指標 S_D が小さい値となり，I_s 値が 0.7 より小さくなる場合もある。また，I_s 値は大きくても「壁抜け」部分の柱(ピロティ柱と呼ばれる)を局部的に補強する必要がある建物が出てくる場合もある。

　図-3.5.5 ～ 3.5.8 に示したように，約半数の校舎建物については耐震補強が提案されている。耐震補強法には各種の方法があるが，補強が必要な建物(調査建

物)に対して現実に提案されている補強方法は**図-3.5.9**に示す通りである。RC造の増設壁や鉄骨ブレースによる補強が非常に多いことがわかる。すなわち，水平耐力を上げて耐震性能を高める耐震補強法がほとんどの場合提案されている。「柱鉄板巻き」，「スリット」による耐震補強計画案もあるが，多くの場合「増設壁」，「鉄骨ブレース」補強と併用される局部的補強法である。

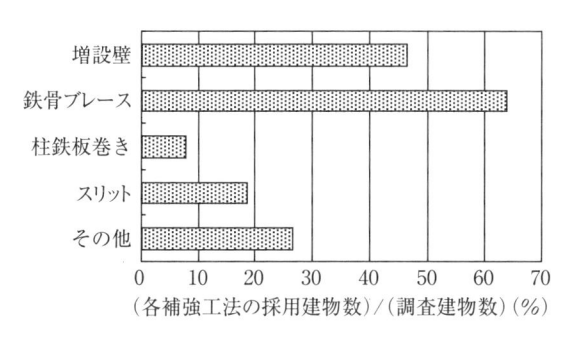

図-3.5.9　補強計画による補強方法

3.5.3 地域係数の異なる地域に建つ学校建築物の耐震診断結果の比較

前節においては，福岡県における耐震診断結果にいて簡単な分析を行った。その場合福岡県の地域係数が 0.8 と小さいため，I_s 値の値を 0.8 で割ることにより地域係数が 1.0 の地域に建つ建物の性状との比較ができるように表示した。本節においては，設計時に用いた(あるいは用いたであろう)地域係数の値が設計された建物の実際の I_s 値にどの程度影響を与えるかについて解説する。したがって，本節での I_s 値は，どの地域に建つ建物も(耐震診断基準が規定しているように)同じ方法で評価した値である。この点が前節とは違うことをまず注意しておく。

建築基準法における地域係数 Z の違いによる各地域の既存建物の構造耐震指標の違いに関する統計的分析が中埜らによりなされている[12]。この研究で対象とされた建物および構造耐震指標値(I_s 値)の定義は以下の通りである。

① 1996 年から 2000 年までの間に文教施設協会で判定対象となった耐震診断・耐震補強が行われた鉄筋コンクリート造学校校舎のうち，教室棟(普通教室棟・特別教室棟)である。したがって，鉄骨造校舎・体育館・渡り廊下等は含ま

れていない。

② I_s 値は耐震診断基準の2次診断における値とする。また，対象とした建物では1層の I_s 値が最小となる場合が最も多かったため，1層の弱方向（X，Y 方向のいずれか小さい方の）の I_s 値を代表値として定義する。

以下，文献12）にならって耐震診断結果の比較を行う。比較は，前述の定義による I_s 値の分布形状を比較することにより行う。既存鉄筋コンクリート造建物の I_s 値分布は，対数正規分布を表す式(3.16)で近似できると報告されている[13]。

$$P_{ls}(x) = \frac{1}{\sqrt{2\pi}\sigma_y \cdot x} \exp\left[-\frac{1}{2} \cdot \frac{(y-\mu_y)^2}{\sigma_y^2}\right] \quad (3.16)$$

ここで，$x：I_s$ 値
　　　　$y：\ln(x)$
　　　　$\mu_y：$平均値
　　　　$\sigma_y：$標準偏差

図-3.5.10 に建設年度が第Ⅰ期（〜1971年）の建物，**図-3.5.11** に建設年度が第Ⅱ期（1972〜1981年）の建物について1層弱方向の I_s 値分布を示す。地域係数 Z が1.0と0.9の場合の分布は文献2）より引用したもので，0.8が3.5.2項で述べた福岡県の学校建築の I_s 値分布である。**表-3.5.1** には地域係数別，建設時期別の学校建築物の統計値を示す。

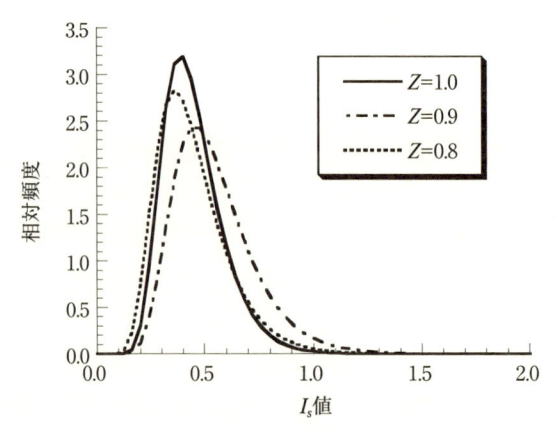

図-3.5.10 I_s 値分布の地域係数別比較（第Ⅰ期建物）

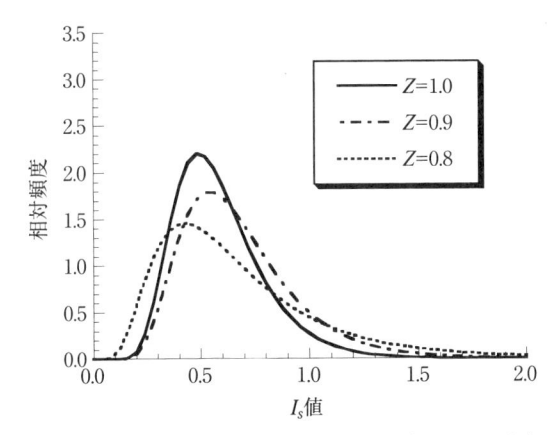

図-3.5.11　I_s値分布の地域係数別比較（第Ⅱ期建物）

　図-3.5.10 および**図-3.5.11** よりわかるように，I_s値分布のピークの値で見ると地域係数 0.8 の地域（福岡県）に建つ建物の I_s 値が最も小さい。しかしながら，**表-3.5.1** に示す平均値で見ると，第Ⅰ期の建物の場合，地域係数 1.0 と 0.8 の場合では有意差はなく，第Ⅱ期の建物の場合では地域係数 1.0 の地域に建つ建物の I_s 値の平均値の方が小さい結果となっている。また，地域係数 0.9 の地域に建つ建物が，第Ⅰ期，第Ⅱ期の建物とも，I_s 値分布のピーク値と平均値のいずれもが最も大きな値となっている。このことは，予想に反する結果である。予想された結果ではあるが，第Ⅰ期と第Ⅱ期の建物を比較すると第Ⅱ期の建物の方が I_s 値で評価した耐震性能が上昇していることがわかる。

　図-3.5.10 および**図-3.5.11** に示されているデータは建物の層数による分類を行っていないことから，その影響を含んでいる。したがって，層数の同じ建物の

表-3.5.1　I_s値の統計値（全建物）

		データ数	平均	標準偏差	変動係数
第Ⅰ期	Z = 1.0	246	0.447	0.140	0.313
	Z = 0.9	44	0.543	0.188	0.346
	Z = 0.8	46	0.442	0.166	0.376
第Ⅱ期	Z = 1.0	239	0.587	0.211	0.359
	Z = 0.9	94	0.674	0.267	0.396
	Z = 0.8	127	0.674	0.403	0.598

表-3.5.2　I_s値の統計値（3層建物）

		データ数	平均	標準偏差	変動係数
第Ⅰ期	Z=1.0	151	0.440	0.128	0.290
	Z=0.9	31	0.528	0.187	0.353
	Z=0.8	32	0.398	0.148	0.372
第Ⅱ期	Z=1.0	127	0.601	0.190	0.317
	Z=0.9	45	0.631	0.175	0.277
	Z=0.8	51	0.499	0.170	0.341

　I_s値の分布について比較検討を行うことにする。地域係数の異なるいずれの地域についても3層の学校建物が最も多かったことから、3層建物についての結果を図-3.5.12と図-3.5.13に示す。前者が第Ⅰ期の建物、後者が第Ⅱ期の建物の結果である。表-3.5.2には地域係数別、建設時期別の学校建築物の統計値を示す。

　3層の建物に限定すれば、地域係数0.8の地域（福岡県）に建つ建物のI_s値は、地域係数1.0の地域に建つ建物のI_s値より小さく、平均値で見て、第Ⅰ期の建物の場合前者は後者の0.90倍で、第Ⅱ期の建物では0.83倍となっている。これは、ほぼ予想した結果であるが、地域係数0.9の地域に建つ建物のI_s値は、他の地域に建つ建物のI_s値に比較して大きく、予想とは反する結果となっている。

　図-3.5.12および図-3.5.13に示した結果は、地域係数の異なる建設地域別に見た3層学校建築の1層弱方向I_s値の分布である。用途や層数の異なる建物につい

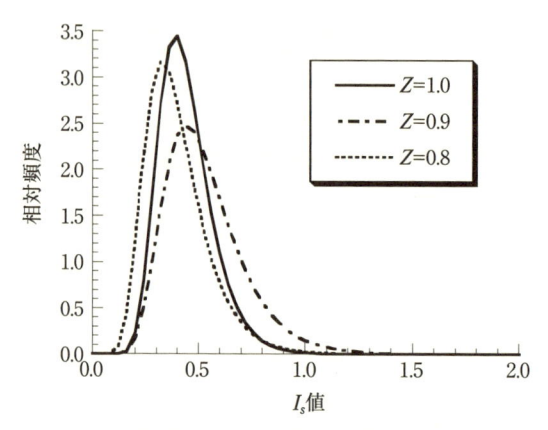

図-3.5.12　3層建物のI_s値分布の地域係数別比較（第Ⅰ期建物）

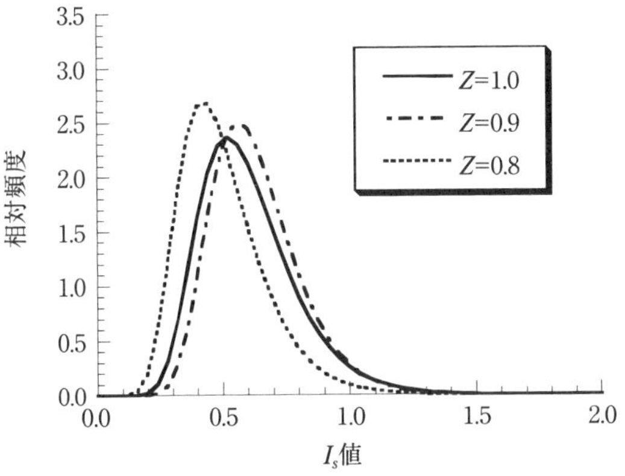

図-3.5.13 3層建物のI_s値分布の地域係数別比較（第Ⅱ期建物）

ては異なる結果が得られるものと思われるが，現在までのところ検討が十分に行われていない。

3.6 耐震診断の問題点

　日本全国で既存建築物の耐震診断・補強が行われるようになって約12年が経過しようとしている。現在までに耐震診断が行われた建築物は多くが公共建築物（とくに学校校舎建築）で，民間建築物の実施例はあまり多くない。また，診断の結果耐震補強が必要であると判定されても，予算の関係でそれがすぐに実施されているわけではない。耐震診断・補強が必要だと分かっていても，なかなか実施されない建物も多い。

　本章においては，耐震診断のみで耐震補強については述べることはできなかったが，耐震診断で必要耐震性能を満足していないという診断結果が出たら，当然耐震補強（あるいは補修）が必要となってくる。これまでに，耐震診断に関しては，主として学校校舎建築の耐震診断・補強計画について第3者評価を担当してきたが，その経験を通して感じる耐震診断・補強の問題点を以下に述べる。

(1) 膨大な既存不適格建物のストックに対する対策の問題

　小中学校は人口密度に応じて全国に建設されており，災害時には地域住民の避難施設となるべき重要な施設である。そのような重要な施設の耐震性能は，少し古い資料ではあるが，次のような状況にある。すなわち，文部科学省初等中等教

育局施設助成課長から各都道府県教育委員会施設主管課長に宛てた2002年7月31日付けの通達によると，耐震診断の結果，耐震性に問題があると判定された校舎数は約12 000棟，未だに耐震診断が実施されていない建物60 615棟(小中学校のみ)とされている。このような状況にどう対処するかは，今日における日本の経済状況などを考えると，非常に多くの問題を総合的に考える必要のある社会的(政治的)な問題である。限られた予算で行う耐震診断・補強の実施にあたっての優先順位の決定法などは，行政的，財政的な観点からの総合的対策立案・実施が不可欠である。また，既存の建物に新築建物と同等の耐震性能を要求すべきかという問題もある。

(2) 超「既存不適格建物」の問題

耐震診断基準によると，以下のような建物は診断法適用の可否を検討する必要があるとされている。

- コンクリートの圧縮強度が13.5N/mm^{2}を下回る建物
- 不同沈下が著しく，構造亀裂の生じている建物
- 火害を受け，亀裂，剥落等の生じている建物
- 竣工後30年以上経過したもので，老朽化の著しい建物

現実問題として，上記に該当する建物の診断に直面した時は，ケースバイケースの判断をすることとなるが，関係者一同が常に頭を悩ます問題である。

(3) インフォームドコンセンサスの問題

耐震診断を経て耐震補強をした建物は，使用性能，デザインの観点からは，グレードアップすることは希で，グレードダウンするのが普通である。それだけに，「耐震補強をしたのだから，阪神大震災程度の地震が来ても安全である」と思うのが常識的な考え方であろう。この場合，「安全」の定義が，技術者とクライアント(あるいはユーザー)の間で大きなギャップがある。診断，耐震補強(英語ではリハビリテイションという用語が使われることがある)という言葉からもわかるように，耐震問題と医療問題とは類似する問題点が多い。医療問題でいうインフォームドコンセンサスは，耐震診断においても非常に大事な問題であり，技術者の責務であると考える。この問題をもう少し詳細に述べると，現在の耐震診断基準が要求している耐震性能は「大地震時に倒壊し，人命に損傷を与えることがない」ということである。したがって，大地震時に「耐震補強済み建物」に何らかの地震被害が生じ，構造専門家以外の一般人が地震後のその被害状況を見た場合

とても納得できない状況は十分にあり得ることである。このような問題については，耐震診断・補強時には関係者に対して十分説明することは可能にしても，建物のライフサイクル，大地震の再現期間の長さを考えると非常に困難な問題である。必要耐震性能のレベルを上げたり，建替えを考えるほうが望ましいと思われるが，経済的問題，環境負荷を考えるとそれも最適策とは断言できない。

(4) 耐震診断方法（第3次診断）の問題

耐震診断には，「壁の量が十分多く，比較的簡単な計算よって強度の尺度に基づいてその建物の診断が簡便にできる第1次診断」，「梁を剛と考えて，層崩壊時の耐震性能を各層，各階，各方向について個別に評価する第2次診断」，「梁の耐力を考慮に入れて大地震時に生じる降伏機構をできるだけ正確に推定して耐震性の評価を行う第3次診断」の3種類がある。3.4.2項では第2次診断についてのみ解説した。それは，以下の理由により第2次診断が一般に多用されているからである。

① 第1次診断では判定の精度が十分でないと思われる事（第1次診断による耐震指標 I_s 値が，第1次診断用判定指標値 I_{so} を上回る建物は非常に少ない）
② 地震時に大破した建物は「層崩壊の建物」が大部分で，層崩壊に対する耐震性能が重要である事
③ 耐震判定指標 $I_{so} = 0.6$ の妥当性は，主として第2次診断による I_s 値と被害状況との対応（キャリブレイション）によって検討されている事

現実に耐震診断を行う場合は，純フレーム構造は少なく，連層耐震壁を有する建物が多い。連層耐震壁は構造的には非常に剛強な柱と見なせる場合が多く，この場合は梁を（柱に比較して相対的に）剛と仮定するのは無理な場合がある。また，耐震診断結果においても耐震壁の降伏機構が回転降伏，曲げ降伏と判定される場合が多い。このような場合は，第3次診断による判定がより合理的であるが，有壁架構の大地震時の性状を第3次診断的手法で評価することは，（新築建物の場合も同じであるが）解析手法的に困難な問題が多い。有壁架構の実用的構造解析手法に関する今後の研究開発が望まれる。

(5) 情報公開の問題

前述したインフォームドコンセンサスの問題と関係するが，医療問題と公共建物の耐震診断問題の大きな違いは，インフォームドコンセンサスの対象が個人ではなく不特定多数である所にある。情報公開は必要であると思われるが，耐震補

強が必要であると診断されたが予算その他の関係で実施できないでいる建物の情報公開には問題が多い。正確に伝達することが困難な工学的情報を，どの範囲にどのように公開するかは今後の大きな課題である。地震時の被災度判定や応急復旧の問題とも関係するが，学校建築に関して「耐震診断カルテを持っている（ボランティアである）スクールドクターを決めておく」事などはすぐにでも実施できることであると思われる。早急に耐震診断と必要に応じた耐震補強設計を実施しておき，最も経費のかかる補強工事実施はしかるべき判定基準に基づき決めた優先順位と実施年次計画を決めておき，それにしたがって実施していく以外には，大地震が発生して被害が生じた場合に説明責任を果たすのは困難である。

(6) 耐震補強法メニューの充実に関する問題

耐震補強法についてはいろいろな技術が開発されているが，現実に採用されているのは，ほぼ標準化された「鉄筋コンクリート造耐震壁」，「鉄骨ブレース」の増設がほとんどであり，部分的に柱の鋼板巻補強や2次壁にスリットを設ける靭性改善法が併用される程度である。建物の特性に応じた多様な補強法の開発標準化が望まれる。

(7) 民間建築の耐震診断の問題

地方で実施されている耐震診断と補強はほとんどが公共建物についてであり，民間建物は非常に少ない。民間建物といえども公共性の高い建物は多数あり，民間建物の耐震診断をより促進するための具体的な方策に関する行政面からの立案・実施が望まれる。すくなくとも改正された「建築物の耐震改修の促進に関する法律」に対する遵法精神が必要である。

(8) 技術者の不足

耐震診断・補強は，新築建物の設計よりも構造設計者にとっては困難な仕事である。したがって，耐震診断・補強の業務が遂行できる技術者は，現在のところ非常に不足しているのが実態である。技術者の再教育という重要な問題がある。とくに，コンピュータが発達した現在においては，技術力のない技術者でも，市販の「構造計算プログラム」を用いれば，一応の結果が出るという困った問題がある。ただし，これは耐震診断に限らず新築建物の構造設計についてもいえることである。

参考文献

1) 日本建築構造技術者協会 編:建築の構造設計,オーム社,2002.7
2) 日本鋼構造協会:CFT 柱を用いた鉄骨骨組の動的耐震設計法ガイドライン,JSCC テクニカルレポート,6 号,2006.8
3) 小野薫,田中尚:建築物のリミットデザイン,理工図書,1956
4) 青山博之 他:新建築学体系 41 －コンクリート系構造の設計,彰国社,1983
5) 日本建築学会 編:鉄筋コンクリート構造物の耐震対策,建築雑誌,1969.1
6) 日本建築防災協会:既存鉄筋コンクリート造建築物の耐震診断基準,1977 年 4 月,1990 年 12 月第 1 次改定,2001 年 10 月第 2 次改正
7) 日本建築学会:1975 年大分県中部地震による RC 建物の被害調査報告,1976.6
8) 日本建築学会:1995 年兵庫県南部地震鉄筋コンクリート造建築物の被害調査報告書 第Ⅱ編 学校建築,1997.3
9) 日本建築学会:2005 年福岡県西方沖地震災害調査報告書,2005.9
10) 日本建築防災協会:既存鉄骨鉄筋コンクリート造建築物の耐震診断基準・同解説,1997
11) 岡田恒男:建物の地震対策,コンクリート工学,vol.33, No.2, pp.5-10,1995.2
12) 高橋雅人,澤田幸司,藤井賢志,中埜良昭,真田靖士,岡田恒男:既存鉄骨鉄筋コンクリート造学校建築の耐震診断・耐震補強事例の分析,第 11 回日本地震工学シンポジウム,pp.2055-2058, 2002.11
13) 中埜良昭,岡田恒男:信頼性理論による鉄筋コンクリート造建築物の耐震安全性に関する研究,日本建築学会構造系論文報告集,第 406 号, pp.37-43, 1989.12

索　　引

■あ行

アルカリ骨材反応　59
アルカリシリカ反応　73
安全率　94, 100

維持管理　19, 68, 85
維持保全　30
違法建物　100
因果的複合劣化　59
インセンティブ　13, 15, 25, 30
インフォームドコンセンサス　138

ASR 診断　76
エコセメント　48
SEM 観察　76
エネルギー一定則　102, 111
塩害　52, 59, 62
塩化物イオン濃度　64, 66
塩分浸透速度　71

オゾン層破壊　3
オゾン破壊係数　4
温室効果ガス　3

■か行

かぶりコンクリート　61, 62, 63
環境クズネッツ曲線　9
環境効率　12
環境報告書　14

気候変動枠組条約　6
既存不適格建物　101, 127, 128, 137, 139
機能的寿命　48, 53
京都議定書　6
強度寄与係数　110
極限解析　98
極限解析法　95
許容応力度設計法　96

空調システム運用の最適化　41

経済的寿命　53
形状係数　119
形状指標　106
継続コミッショニング　24
経年指標　120
経年劣化量　31
限界耐力計算法　98
建築基準法　89, 93, 99, 100, 127
建築ストック　12

鋼材腐食　62
構造耐震指標　133
構造物（層）の終局限界　106
降伏点強度　124
コミッショニング　21, 22, 25
コミッショニング費用　27
コミッショニングプロバイダー　23
コンクリート標準示方書　50, 62, 78
コンクリート腐食性地盤　83
コンクリート腐食性ハザードマップ　83

■さ行

再コミッショニング　24
再生骨材　48
最大応答せん断力係数　104
最大負荷計算　15
最適化ツール　42
サステナブル建築　15
残留変形　89, 102

事後保全　51
自然電位法　65
持続可能な開発　8
寿命　53
省エネ法　14, 20
省エネルギー診断　30
仕様規定　85, 93, 99

— 143 —

索引

詳細点検　58
情報公開　139
初期点検　57
靱性指標　104, 106, 109
新耐震設計法　89, 97, 102

水平震度　103
水平変形角　103
ストック　137

成績係数　20
静的水平力　93
静的漸増水平力解析　126
性能規定化　98
性能検証　21
性能検証責任者　23
性能設計　126
性能評価　17
設計コード　49
設定値の最適化　30
全国消費実態調査　13
漸増水平荷重増分静的解析　105
せん断補強筋　96
せん断力係数　103, 104

相乗的複合劣化　59
塑性変形能力　98
塑性理論　95
袖壁付き部材　117

■た行
ターゲットモデル　15
第1次診断　139
耐久性診断　47
第3次診断　139
耐震一次設計　97
耐震偽装事件　100
耐震診断　101, 10, 105, 121
耐震診断規準　116, 117, 127
耐震診断方法　139
耐震性能　89
耐震性能レベル　91
耐震二次設計　97
耐震補強法　133, 140

代替フロン　4
第2次診断　139
第2種構造要素　106, 112, 115, 116
耐用期間　53, 54
短期許容せん断応力度　95
炭酸化　61

地域係数　133
地球温暖化係数　4
中性化　52, 59, 60, 61, 122
中性化試験　80
中性化速度係数　61, 62
中性化残り　62
中性化深さ　62
長寿命化　1, 19

通年エネルギー消費係数 APF　21

定期点検　57
低減係数　116
デッドバンド　16
電位差滴定法　64, 66
電子線マイクロアナライザー　65

凍害　59
等価水平力　95
凍結防止剤　63
当初コミッショニング　23
動的解析　101
動的設計法　93
独立的複合劣化　59
都市ごみ溶融スラグ　48
トップランナー基準　20
トレードオフ　9

■な，は行
二酸化炭素排出量　8
2次診断　123
二次設計　104
日常点検　57

破壊モード　98
パフォーマンス契約　15
パラダイムシフト　12

反曲点高さ　117

必要耐震性能　89, 94, 99, 127
表面被覆工法　52
疲労破壊　90

ファクターX　12
不具合　18
不具合検知・診断　30, 36
不具合検知・診断ツール　37
復コミッショニング　24
物理的寿命　48, 53
不動態皮膜　61, 63, 69
分極曲線　69
分極抵抗法　65

ベースシアー耐力係数　110
変形能力限界　102

法定耐用年数　55
保有性能基本指標　106, 107
保有耐震性能　89, 92, 94, 100
保有耐力　98
保有耐力検定　98

■ま，や，ら行

埋設型モニタリングセンサ　66

水セメント比　48, 61, 71

モニタリング手法　59
モントリオール議定書　3

有開口耐震壁　117

予防保全　51

硫酸塩劣化　77
硫酸性地盤　78
硫酸性地盤ハザードマップ　82
臨時点検　58

累積強度指標　121
累積塑性変形　90
ルームエアコン　13

劣化予測　58

■欧　文

ASR　73
ASR診断　76
ASTM　69

CEB　69
CEC　14
COP　20

EPMA　65
FEMA　126

GDP　11

IPLV　21

PAL　14

SEM-EDS　75
SEM観察　76

持続都市建築システム学シリーズ

臨床建築学
―環境負荷低減のための建物診断・維持管理技術―

定価はカバーに表示してあります。

2008年3月15日　1版1刷発行　　ISBN 978-4-7655-2512-1 C3052

著者代表　　松　下　博　通
　　　　　　崎　野　健　治

発行者　　長　　滋　彦

発行所　　技報堂出版株式会社

〒101-0051　東京都千代田区神田神保町1-2-5
　　　　　　　　　　　（和栗ハトヤビル）
電　話　　営　業　(03)(5217)0885
　　　　　編　集　(03)(5217)0881
　　　　　Ｆ Ａ Ｘ　(03)(5217)0886
振替口座　00140-4-10
http://www.gihodoshuppan.co.jp/

日本書籍出版協会会員
自然科学書協会会員
工学書協会会員
土木・建築書協会会員

Printed in Japan

Ⓒ Hiromichi Matsushita and Kenji Sakino, 2008　　組版 ジンキッズ　印刷・製本 技報堂

落丁・乱丁はお取り替えいたします。
本書の無断複写は、著作権法上での例外を除き、禁じられています。

◆ 小社刊行図書のご案内 ◆

持続都市建築システム学シリーズ

100年住宅への選択
松藤泰典 著
A5・144頁

世代間建築
松藤泰典 著
A5・190頁

健康建築学
渡辺俊行・高口洋人 他著
A5・198頁
―健康で快適な建築環境の実現に向けて―

循環建築・都市デザイン
竹下輝和・池添昌幸 他著
A5・210頁
―人間の感性と豊かさのデザイン―

仮設工学
前田潤滋 他著
A5版・250頁
―建設工事のQCDSEからSとEを中心として―

臨床建築学
松下博通・崎野健治 他著
A5版・170頁
―環境負荷低減のための建物診断・維持管理技術―

循環型の建築構造
山口謙太郎 他著
A5版・180頁
―凌震構造のすすめ―

資源循環再生学
近藤隆一郎・小山智幸 他著
A5・210頁
―資源枯渇の近未来への対応―

技報堂出版　TEL 営業 03(5217)0885 編集 03(5217)0881
FAX 03(5217)0886